Elisabeth Manke

Palmen und Zimmerbäume

Gärtnern leicht und richtig

Elisabeth Manke

Palmen und Zimmerbäume

BLV

Die Deutsche Bibliothek –
CIP-Einheitsaufnahme

Palmen und Zimmerbäume /
Elisabeth Manke. – München; Wien;
Zürich: BLV, 1993
(Gärtnern leicht und richtig)
ISBN 3-405-14505-8
NE: Manke, Elisabeth

BLV Verlagsgesellschaft mbH
München Wien Zürich
80797 München

Gedruckt auf chlorfrei gebleichtem
Papier

Layout: Anton Walter
Lektorat: Barbara Kiesewetter
Herstellung: Ernst Großkopf

Satz: ew print & medien, Würzburg
Druck: Appl, Wemding
Bindung: Auer, Donauwörth

Printed in Germany · ISBN 3-405-14505-8

Bildnachweis:

Apel 30, 88/89, 93
Becherer 2/3, 3, 4/5, 9 o, 17, 17 l, 21, 32/33, 34, 43, 50/51, 66 r, 70 u
Bildarchiv Gitte 61, 89
Eisenbeiss 18 l, 28, 54, 68, 76 r, 85
Manke 15, 20/21, 33, 42, 58, 58/59, 59, 62, 63 l, 63 r, 69
Morell 14, 16, 22, 26, 32, 35, 39, 45, 47, 52/53, 55 r, 55 l, 67, 74, 79, 81, 90
Redeleit 46, 56, 57
Reinhard 6/7, 9 ur, 13, 15 r, 19, 50, 60/61, 65, 70, 72, 78 r, 80 o, 80 u, 83, 92, 96/97
Sammer 9 ul, 10, 11, 91
Seidl 2 r, 44, 73, 77, 78 l, 84, 94, 95
Strauß 18 r, 23, 24, 25, 29, 31, 36/37, 40/41, 48/49, 65, 66 l, 71, 75, 76 l, 82, 86, 87
Wunsch 12

Umschlaggestaltung:
Studio Schübel, München

Umschlagfotos:
Vorderseite: Strauß
Rückseite: Strauß

INHALTSÜBERSICHT

Ein Wort zuvor

Seit jeher stehen Palmen im Ruf »exklusiv« zu sein. Und als der berühmte schwedische Naturforscher und Pflanzensystematiker Carl von Linné (1707–1778) sie als »Principes« – die Fürsten des Pflanzenreiches – bezeichnete, traf er damit wohl ins Schwarze. Es ist die Eleganz ihres Aussehens, die man wahrlich fürstlich nennen kann, die Schönheit ihrer Wedel, das satte Grün, ihr exotisches Erscheinungsbild. Was die Ästhetik von Pflanzenformen betrifft, so ist sie vielleicht in der Familie der Palmengewächse *(Palmae)* besonders vollkommen ausgeprägt. Palmen verleihen einem Raum – stehen sie allein und können sie für sich wirken – ein besonderes Flair.

Man kann sie allerdings nicht alle über einen Kamm scheren, kommen sie doch aus den verschiedensten Regionen unserer Erde. Sie sind sowohl am Ufer des Meeres als auch im dichten Regenwald und auf den Höhenlagen der Gebirge der Tropen und Subtropen zu Hause. Sie sind zugleich ein Symbol für die Vegetation zwischen den Wendekreisen unserer Erde. Alle haben unterschiedliche Ansprüche an Licht, Temperatur und Wasser. Doch dank der Riesenauswahl wird man gewiß für fast jeden Standort in der Wohnung eine Palme finden.

Inzwischen haben sie Konkurrenz bekommen: Zimmerbäume, was immer man darunter verstehen mag, stehen den Palmen an Attraktivität nicht nach. Zumeist handelt es sich hierbei um Pflanzen, die es wohl schon als normale Fenstertöpfe gibt, die aber in stattlicher Größe zu Zimmerbäumen avancieren und auch erst dann ihre wahre Schönheit und ihren Charme entfalten können. Viele von ihnen haben Ähnlichkeit mit den Palmen, werden sogar mit ihnen verwechselt. Andere erinnern an unsere Laubbäume im Garten, dank ihrer Blattfülle und der ausgeprägten Krone über dem hohen Stamm. Weitere ragen mit riesigen dicken Stämmen empor und besitzen nur einen kleinen Blattschopf. Egal ob Palme oder Zimmerbaum – beide geben einem Raum erst das gewisse Etwas. Und es reicht oftmals aus, daß nur ein Exemplar im Zimmer steht. Die Wirkung ist bei entsprechender Größe, bei guter Pflege und richtigem Platz oftmals stärker, als bei einer Fülle kleiner Blumentöpfe.

Die Gebäude als feste Hüllen des Wohnens sind ebenso wie die Möbel und Haushaltsgeräte in ihrer Gesamtform starr. Deshalb ist die Rolle der Pflanze, besonders die der großen raumbestimmenden, sehr wichtig. Dabei ist es sicherlich nicht von vorrangiger Bedeutung, das Sortiment der Pflanzen in der Wohnung ständig zu erwei-

tern oder zu verfeinern, sondern es sollte uns darum gehen, mit und für die Pflanzen im Zimmer ein ausgewogenes Bioklima zu schaffen, das weniger von Moden bestimmter Arten, als vielmehr von der Einsicht getragen ist, daß Pflanzen einen Teil unserer Wohnlandschaft ausmachen. Denn neben der allgemeinen Wirkung von Gegenständen, Räumen und Landschaften, die auch bei der Pflanze durch ihr Erscheinungsbild entsteht, sind Pflanzen für den Menschen auf besondere Weise interessant und faszinierend.

So groß auch die Rolle des Gefäßes ist, in dem die Pflanze steht, so wichtig auch ihr Platz im Raum mit dem Mobilar ist – nichts ist bei allem wichtiger als der richtige Platz aus gärtnerischer Sicht. Ob exotische Pflanze oder »gewöhnliches« Zimmergrün – beide sind ohne Reiz, wenn sie kümmern, mögen sie noch in einem schönen Übertopf, auf einer dekorativen Blumenbank stehen.

Daher ist bei aller Ästhetik die Kenntnis der Ansprüche der Pflanzen eine Voraussetzung vor dem Erwerb größerer Pflanzen, weil man diese – im Unterschied zu kleinen Töpfen – oftmals nicht an einen anderen Platz stellen kann und weil ihre Anschaffung letztlich auch etwas kostspieliger ist.

Im folgenden sollen einige Beispiele von Palmen und Zimmerbäumen mit ihren Ansprüchen und Pflegetips die Entscheidung leichter machen.

Ein wenig Botanik

Palmen gehören zu den einkeimblättrigen Pflanzen, das heißt, ihr Samen keimt mit nur einem Blatt, ähnlich wie unsere Gräser. Sie entwickeln daher auch nur einen unverzweigten Stamm, im Gegensatz zu den zweikeimblättrigen Pflanzen, zu denen unsere Laubbäume zählen. Interessant bei den Palmen ist weiterhin, daß der Stamm in seiner Basis noch vor Beginn seines Längenwachstums annähernd seine endgültige Dicke erreicht hat. Von dieser Basis aus wächst er dann lediglich in die Höhe. Bei Palmen fällt das sekundäre Dickenwachstum mit den markanten Jahresringen weg.

Ebenso wie der Stamm haben auch die Blätter der Palmen eindeutige Kennzeichen. Im allgemeinen bezeichnet man sie als Wedel. Die Pflanzen haben entweder flach ausgebreitete Wedel wie ein Fächer und werden deshalb als Fächerpalmen bezeichnet oder die Wedel sind fiedrig geteilt und man nennt sie Fiederpalmen.

An sehr jungen Pflanzen wird man diese Unterschiede nicht bemerken. Diese sehen nach dem Auflaufen allesamt gleich aus. Auch das erste Blatt, das sich meist nur einmal teilt, zeigt noch nichts vom endgültigen Habitus der Palme. Erst das zweite und dritte Blatt verrät die Palmenart. Von besonderem Reiz sind auch die Blüten der Palmen, zumeist kolbenförmige Blütenstände, die sich in den Achseln der Blätter entwickeln. Die Einzelblüte ist unscheinbar, aber in der Fülle von überwältigender Pracht. So besitzt der etwa 10 m lange Blütenstand der Talipotpalme *(Corypha)* 100 000 Einzelblüten! Die Palmenblüten sind eingeschlechtlich – es gibt also männliche und weibliche Blüten. Diese befinden sich auf einer Pflanze, wie bei der Kokospalme *(Cocos)*

Viele Palmengattungen besitzen einen unten verdickten Stamm, wie diese prächtige Flaschenpalme *(Mascarena verschaffeltii)*.

oder auf zwei verschiedenen Pflanzen, wie bei der Dattelpalme *(Phoenix)*. Nur die weiblichen Blüten bringen Früchte hervor. In der Blütezeit ist die Krone der männlichen Dattelpalme frühmorgens völlig von einer Wolke aus Pollenstaub eingehüllt.
Ebenso interessant und oft sehr schmackhaft sind die Früchte der Palmen. Steinfrüchte und Beeren kommen am häufigsten vor. Unter ihnen gibt es Riesenfrüchte, wie die bereits erwähnten Nüsse der Seychellennußpalme *(Lodoicea)*, die manchmal 1 m Umfang haben können. Es sind tatsächlich die gewaltigsten Früchte der Erde. Winzig nehmen sich dagegen die Früchte der Bergpalme *(Chamaedorea)* aus – sie werden nur 5 mm groß.

Wie ein Fächer breitet sich das Palmenblatt der Schirmpalme *(Livistona)* aus (rechts). Hunderte kleiner Blüten an der Königspalme *(Roystonea)*, Früchte der Kokospalme *(Cocos*, unten).

Exkurs in die Geschichte

Schon vor etwa 40 Millionen Jahren gab es Palmen. Und bereits 3000 v. Chr. wurde die Dattelpalme *(Phoenix)* im alten Mesopotamien angebaut.
Den Griechen galt sie als Symbol des Sieges, da ihr Holz sehr zäh ist und sich nicht biegen läßt. Im Jahre 1677 reiste George Meister in den Süden Afrikas und nach Indonesien und beschrieb in seinem berühmten Werk »Der Orientalisch-Indianische Kunst- und Lust-Gärtner« 1692 u.a. sehr anschaulich und mit großer Detailtreue die Betelpalme *(Areca)* und die Kokospalme *(Cocos)*: »... Sein Wachstum belangend, so scheint es, daß dieser Baum (Kokospalme, E. M.) lieber an Flüssen, feuchten Örtern, in Tälern oder Seestrande als auf hohen Hügeln oder Gebirgen zu wachsen Art habe ...«.
Eine geheimnisumwitterte Palme war lange Zeit die Seychellennußpalme *(Lodoicea)*. Ihre riesigen Früchte, die bis zu 15 kg wiegen, trieben im Indischen Ozean und die Seefahrer glaubten damals, daß sie von einem Dämon bewacht würden, der sie bei der Berührung der riesigen Nüsse mit dem Tode bestrafen würde. Dieser Mythos fand erst ein Ende, als 1743 die Seychellen entdeckt wurden und mit ihnen diese herrliche Palmengattung.
Um 1778 waren nur 15 Palmengattungen bekannt. Der Kustos des Königlichen Botanischen Gartens zu Berlin, Carl Lebrecht Udo Dammer (1860–1920), erwähnt 1897 in seinem Buch »Palmenzucht und Palmenpflege« etwa 1100 verschiedene Palmen und heute zählt man 3500 Palmenarten, die in etwa 210 Gattungen eingeordnet werden.

Die Kokospalme (Cocos *nucifera*) keimt an den Ufern der tropischen Meere, oftmals aus angeschwemmten Nüssen.

Mit einem Kanu werden frisch geerntete Kokosnüsse transportiert (Indien).

Palmen sind nützlich

Es ist nicht verkehrt, wenn wir uns beim Anblick und bei der Pflege einer Zimmerpalme der Bedeutung erinnern, die diese Pflanzen in anderen Ländern und für die Menschheit insgesamt haben.
Sie gewähre dem Menschen »neunhundertneunundneunzigfachen Nutzen« heißt es in bezug auf die Kokospalme *(Cocos)* in einem asiatischen Sprichwort. Vielleicht hatte Carl von Linné als Mann der Aufklärung, der von den Fürsten Gutes für Volksernährung und Volksgesundheit erwartete, die Palmen auch aus diesem Grunde »Principes« genannt?
Es ist schwierig, von allen Verwendungszwecken die wichtigsten auszuwählen. Aber einige reichen in unsere alltägliche Küche hinein, wie zum Beispiel der Sago: zu Kügelchen geformt, wurde diese Pflanzenstärke einst nach Europa exportiert. Das Produkt rührt von der Sagopalme *(Metroxylon)* her. Die Stärke befindet sich im Stammesinneren und wird durch Auswaschen des gespaltenen Holzes gewonnen. Von einem Hektar Sagopalmen erhält man auf diese Weise 20 Tonnen Stärke. Heutzutage stellt man »europäischen Sago« aus Kartoffelstärke her. Um bei den süßen Dingen zu bleiben: es gibt auch eine Zuckerpalme *(Arenga)*. Die einheimischen Pflanzer zapfen den Stamm durch einen Schnitt an, aus dem dann täglich etwa 5 Liter eines wohlschmeckenden Saftes fließen. Man hat errechnet, daß eine Zuckerpalme im Laufe ihres Lebens 1500 Liter Zuckerwasser spenden kann. Andere Palmen werden oft als natürliche Limonadenspender genutzt. Daß die industrielle Nutzung oftmals bis zum Raubbau getrieben wird, ist die

Kehrseite. So führte das hemmungslose Anzapfen der Honigpalme *(Jubaea)*, aus deren Stämmen ein zu Palmhonig weiterverarbeiteter süßer Saft gewonnen wird, fast zum Aussterben dieser Gattung. International am bekanntesten dürfte die Kokospalme *(Cocos)* sein; sie ist überhaupt die wichtigste Nutzpflanze in den Tropen. Ihre Nüsse liefern weltweit bekannte Kopra, das getrocknete Fruchtfleisch wird als Kokosraspel, Kokosflocken usw. gehandelt. Auch Kokosfett, ein weißes geschmacksneutrales Hartfett, stammt von den Kokosnüssen. Und überall in den Tropen schätzt man die erfrischende, belebende Wirkung der Kokosmilch. Sie enthält viele Mineralien und soll Nierenleiden heilen helfen.

Die Kokospalme liefert aber noch ein weiteres Getränk, den Palmwein, auch Toddy genannt. Er wird aus dem zuckerhaltigen Saft der Kokosspitzen von gerade blühenden Pflanzen zubereitet und oftmals zu Arrak vergoren. Und wozu ist die faserige Außenhaut, die Koir, nützlich? Daraus fertigt man die vertrauten Kokosmatten und Kokosläufer. Sie wurden in Europa lange Zeit unter Wert verkauft, denn um eine Tonne Fasern zu gewinnen, benötigt man über 10 000 Kokosnüsse! Die Kokosfaser ist besonders elastisch und bruchfest und übersteht auch lange Jahre Wassereinfluß. Aus diesem Grunde werden Schiffstaue und Seile aus Kokosfasern hergestellt. In Italien sind die Olivenölfilter aus Kokosfasern gefertigt. Hauptproduktionsland für Kokosgarn und daraus gefertigte Waren ist Indien, und zwar ausschließlich der Staat Kerala im Südwesten.

Auch die Dattelpalme hat als Nahrungsmittel einen großen Stellenwert in den Wüstenregionen zwischen Marokko und Pakistan. Die meisten Menschen dort sichern sich ihren Lebensunterhalt durch den Anbau von Dattelpalmen. Unter günstigen Bedingungen liefert eine etwa 40 Jahre alte Dattelpalme *(Phoenix)* bis zu 150 kg Früchte im Jahr.

Für die menschliche Ernährung spielen öl- und fettliefernde Palmen eine besondere Rolle. Beispielsweise gewinnt man aus den Früchten der Ölpalme *(Elaeis)* Palmöl und Palmkernöl, das zu etwa 60% Fett enthält.

Aus Palmenblättern werden in den Tropen Schalen geflochten, die auch beim Trocknen der Blätter nichts von ihrer Schönheit einbüßen.

Früchte der Dattelpalme *(Phoenix dactylifera)*, die eines der wichtigsten Nahrungsmittel der Menschen zwischen Marokko und Pakistan sind.

Es wird zu Speisefett weiterverarbeitet. Auch die Seifenherstellung profitiert davon. Im Weltmaßstab ist die Ölpalme mit 10% an der Fettversorgung der Menschen beteiligt.
In Südostasien wird die Betelpalme *(Areca)* vor allem deshalb angebaut, weil sie die sogenannten Betelbissen liefert, die von vielen Menschen dieser Region gekaut werden. Dazu wird der alkaloid- und gerbstoffhaltige Samen zerschnitten und mit Tabak, Zimt oder Gambir sowie mit Kalk vermischt und in die Blätter des Betelpfeffers eingewickelt und gekaut. Diese Bissen wirken anregend, stimulierend und fördern die Verdauung. Sie haben aber eine Nebenwirkung auf die Herztätigkeit und färben allmählich die Zähne schwarz. Darüber hinaus färbt das Betelkauen Lippen und Zahnfleisch rot, denn der Samen enthält den Farbstoff Arecarot.
Außerdem geben seit Jahrhunderten die verschiedensten Palmenarten in den Tropen und Subtropen Baumaterial und Flechtwerk für Hütten, Zäune und Matten her. Die Wedel vieler Palmen erfüllen dort den gleichen Zweck wie hierzulande die Dachsteine.

Palmen von A–Z

Herrscherpalme
Archontophoenix

Diese schnellwüchsige Fiederpalme kommt aus den tropischen und subtropischen Gebieten Australiens und ist nur in vier Arten bekannt. Der schlanke Stamm kann 20 m hoch werden. In einem Wedelkranz beugen sich die Fiederblätter, die etwa 4 m lang werden können. Unter der Wedelkrone entwickeln sich die Blütenstände und danach die korallenroten Früchte. In den Tropen ist diese Palme ein besonders schöner Parkbaum. Die Herrscherpalme benötigt das ganze Jahr über vor allem viel Licht. Im Sommer fühlt sie sich am wohlsten, wenn es schön warm ist. Dann wird allerdings auch viel gegossen. Hingegen benötigt sie im Winter einen kühlen und relativ trockenen Platz. Temperaturen zwischen 10° C und 15° C sind völlig ausreichend. Die Wedel sollte man des öfteren abduschen.

Achtung: Diese Palme ist besonders empfindlich gegenüber Staunässe, deshalb sollten Sie öfters einmal in den Untersatz oder Übertopf schauen, ob sich dort überschüssiges Gießwasser befindet!

Feuerpalme
Archontophoenix alexandrae

Der schlanke Stamm dieser Herrscherpalmenart ist unterseits etwas verdickt und die Blätter haben eine graue Unterseite. Sie verträgt volle Sonne.

Archontophoenix cunninghamiana

Die Blattfiedern sind bei dieser Art zugespitzt und unterseits hellgrün. Die Palme wächst breit ausladend und benötigt viel Platz. Sie gedeiht am besten bei hoher Luftfeuchtigkeit.

In südlichen Regionen ist die Herrscherpalme eine weitverbreitete Pflanze für den Vorgarten (*Archontophoenix alexandre*).

Betelpalme
Areca catechu

Im tropischen Asien, in Australien, auf Neuguinea und im Malaiischen Archipel ist die Betelpalme beheimatet. Benannt und beschrieben wurde sie von dem schwedischen Naturforscher Carl von Linné (1707–1778). Aber schon der große Reisende George Meister erwähnte bereits 1692 die Betelpalme. Er bezeichnete sie als »Arbor Areka oder Pynan Baum«. Über die Sitte, die Betelfrüchte zu kauen, schrieb er folgendes: »... Sie (die Frucht, M. E.) wird durchgehend in Indien von den Einwohnern, von Königen bis zu dem geringsten Bettler, in großem Wert gehalten, dieweil sie diese Frucht, sowohl grün als dürr, mit Betel-Blüten und ein wenig Muschelkalk bestrichen, so sie mehr aus hergebrachter Gewohnheit ihrer Vor-Eltern gesehen als aus Notwendigkeit, kauen. Und es ist wahr, daß es einen wohlriechenden Atem und purpurrote Lippen machet...«

Die Betelpalme (*Areca catechu*) ist im Jugendstadium leicht mit anderen Fiederpalmen zu verwechseln, erst im Alter zeigt sie ihre typischen Merkmale.

Die Gattung *Areca* umfaßt 50 Arten, aber nur die Betelpalme – auch Katechupalme genannt – ist bei uns als Zimmerpflanze verbreitet. Die eleganten Wedel sind sattgrün, die Fiedern stehen kammförmig ab und sind lanzettlich geformt.
Die *Areca* ist eine wärmeliebende Palme, niemals sollte die Temperatur unter 18° C abfallen. Außerdem braucht sie ständig reichlich Feuchtigkeit und muß auch täglich besprüht werden. Der Topf sollte daher in einem mit Wasser gefüllten Untersatz stehen. Hier muß man aber dafür sorgen, daß ausreichend Bodenwärme vorhanden ist, weil sonst die Palme Schaden nimmt.
Die Betelpalme sieht der Kentiapalme *(Howeia)* sehr ähnlich, doch im Gegensatz zu ihr, verträgt sie keine trockene Zimmerluft.

Die *Areca* ist als Jungpflanze leicht an dem noch auf der Erde befindlichen Samenkorn erkennbar. Doch sollte man es nicht vorzeitig abnehmen, es versorgt noch immer die Pflanze mit wichtigen Nährstoffen. Sobald es sich von allein löst, können Sie es beseitigen!

Butiapalme
Butia capitata

Vom südamerikanischen Kontinent kommt diese Fiederpalme, die man auch Geleepalme nennt, weil man aus ihren Beeren Gelee zubereiten kann. Die dicht gefiederten Wedel sind elegant gebogen, wobei die einzelnen Fieder sehr hart sind. Über 15 Arten sind bekannt, man kann sie aber nicht so einfach auseinanderhalten. Besonders mit der Romanzoffianischen Kokospalme *(Arecastrum)* wird die Butiapalme oft verwechselt. *Butia capitata,* ist die einzige Art dieser Gattung, die als Zimmerpalme weit verbreitet ist. Sie verdient es daher, näher vorgestellt zu werden. Die ledrigen Fiedern sind blaugrün gefärbt. Die Blattwedel sind leicht gebogen. Am Stammgrund bleiben die Reste abgestorbener Blattwedel deutlich sichtbar, die Wedel sind nicht bis zum Stamm mit Fiedern besetzt. Die Butiapalme kann im Zimmer bis zu 2 m hoch werden, wenn man sie entsprechend pflegt. Die Ansprüche der Butia sind denen der Zwergpalme *(Chamaerops)* vergleichbar. Butia bevorzugt Kühle, vor allem im Winter muß sie bei Temperaturen um 10° C stehen, weil sich sonst unweigerlich Läuse einstellen und die Palme auch ihre Widerstandskraft gegenüber anderen Krankheiten verliert. In dieser Zeit wird allerdings auch sehr sparsam gegossen! Sogar noch tiefere, aber auf jeden Fall frostfreie Temperaturbereiche verträgt sie. Aber auch im Winter möchte die Butia einen hellen Platz und sollte des öfteren übersprüht werden, denn trokkene Zimmerluft schädigt nach langer Zeit das Aussehen der Palme und sie erholt sich kaum wieder. Im Sommer braucht die Butiapalme viel Wasser und alle 14 Tage eine Düngergabe mit einem Flüssigvolldünger.

Will man die Butiapalme aussäen, muß man ein halbes Jahr Geduld haben, und das Substrat auch so lange feucht und warm halten, ehe sich der Keimling zeigt.

Unbedingt sollte man die Butia – ebenso wie die Zwergpalme – über Sommer ins Freie stellen! Aber Vorsicht, nach der lichtarmen Winterzeit erst einmal an die Frühlingssonne im lichten Schatten gewöhnen, sonst gibt es unweigerlich häßliche Brandflecken; ich stelle meine »Freilandpalmen« anfangs immer erst unter die Obstbäume, erst nach etwa 4 Wochen bekommen sie ihren endgültigen Sonnenplatz auf der Terrasse.

Die Butiapalme *(Butia capitata)* ähnelt einer Dattelpalme sehr, doch sind ihre Fiederblätter schmaler und unregelmäßiger gebogen.

Kennzeichen der interessanten Fischschwanzpalme *(Caryota mitis)* sind die ausgefransten Blätter, die einmalig in der Familie der Palmengewächse sind.

Fischschwanzpalme
Caryota

Zweifellos gehört diese Fiederpalme in der großen Familie der Palmengewächse zu den eigenartigsten Formen. *Caryota*-Palmen kommen in 27 Arten im tropischen Asien, in Malaysia, in Australien, auf Neuguinea und Neukaledonien vor. Sie besitzen als einzige Palmengattung doppelt gefiederte Blätter, deren Spitzen wie abgerissen aussehen und der Pflanze ihren deutschen Namen gaben. Auch der Name »Nußpalme« ist üblich, weil *Caryota* im Griechischen »nußartig« heißt. Die Fischschwanzpalme benötigt einen hellen und warmen Platz, im Winter kommt sie mit 16° C aus, allerdings muß man dann weniger gießen. Ansonsten benötigt sie reichlich Wasser und über Sommer jede Woche eine Düngergabe mit einem Flüssigdünger. Genügend hohe Luftfeuchtigkeit erreicht man, indem man sie in ein geschlossenes Blumenfenster oder in die Vitrine stellt. Bei freiem Stand sollte man sie täglich mehrmals übersprühen.

Obwohl die *Caryota* viel Wasser benötigt, ist ein »nasser Fuß« Gift für sie. Deshalb alle 2 Tage im Untersatz oder Übertopf nachschauen, ob sich überschüssiges Wasser angesammelt hat!

Brennpalme
Caryota orens

Diese Palmenart besitzt kirschgroße Früchte, deren Fruchtfleisch brennt. Aber auch der Name »Toddypalme« ist für diese Art bekannt, weil aus dem Palmensaft der Blütenstände (wie bei Cocos) Toddy, der Palmwein, gegoren wird.

Caryota mitis

Diese Fischschwanzpalme kommt in Burma, Malakka, auf Java und auf den Philippinen vor. Dort wächst sie wegen ihrer Seitensprosse in Gruppen. Diese Art ist als Jungpflanze häufig im Angebot.

Bergpalme
Chamaedorea

In ihrer Heimat werden Bergpalmen nicht höher als etwa sechs Meter, manche von ihnen erreichen nur zwei Meter. Diese weichblättrigen Fiederpalmen siedeln als schattenliebender Unterbewuchs in warmfeuchten Bergregenwäldern. Da die meisten Arten Ausläufer bilden, wachsen sie oft in Gruppen.
Die Bergpalme ist als Zimmerpflanze sehr verbreitet. Sie paßt sich vorzüglich unseren Wohnraumbedingungen an, wird nicht allzu groß, findet also in fast jedem Raum Platz und blüht sogar im Zimmer! Dies ist fast die einzige Palmengattung, die schon bei einer Höhe von etwa 40 cm unter Wohnraumbedingungen in relativ jungen Jahren blüht. Allerdings sollte man keine »Orchideenpracht« erwarten: Die Blüten der Bergpalmen sind winzig klein und zieren lediglich durch ihre Fülle als Blütenstand, sind aber auch dann noch unscheinbar. Die Blüten halten sehr lange und bilden auch kleine Fruchtkapseln – beides zehrt an den Kräften der Blattpflanze. So empfehle ich, die Blütenstände herauszuschneiden, bevor sich die Samenkapseln bilden.
Im Zimmer benötigen Bergpalmen dringend einen halbschattigen bis schattigen Platz, Nordfensterlage ist optimal. Von Oktober bis Februar sollte man die Bergpalme kühler stellen, dann aber auch weniger gießen, weil sonst die Wurzeln faulen. In der übrigen Jahreszeit, oder auch wenn man im Winter keinen kühlen Platz hat, werden Bergpalmen regelmäßig gegossen. Auch ein gelegentliches Brausebad tut ihnen gut. Alle 4 Wochen sollte man die Blätter feucht abwischen, weil Staub die Spaltöffnungen leicht verstopft und die Blätter sich krümmen.

Die beliebteste Bergpalmenart ist wohl die buschig und zierlich wachsende *Chamaedorea elegans* (links). An der Acker-Bergpalme (*Chamaedorea geonomiformis*) läßt sich leicht ihre Neigung zur Adventivsproßbildung erkennen.

Gedüngt wird die Bergpalme von März bis August alle 2 Wochen mit einem handelsüblichen Flüssigdünger, der zwar Guano, aber weniger Superphosphat enthält. Zu viele Phosphate begünstigen bei dieser Palmengattung das Auftreten von Blattnekrosen (= abgestorbenes Blattgewebe).

Die Bergpalme verblaßt mitunter und bekommt einen gelblichen Schimmer. Dies ist ein Zeichen dafür, daß sie entweder zu sonnig steht, oder daß sie am Verhungern ist. Also sofort den Standort überprüfen und düngen!

Zierliche Bergpalme

Chamaedorea elegans

Dies ist wahrhaftig die zierlichste Bergpalme, sie kommt aus den Wäldern Mexikos und Guatemalas und gehört zu den am häufigsten im Zimmer gehaltenen Bergpalmen.
Die Zierliche Bergpalme bildet ein Stämmchen. Im unteren Bereich sterben die Blätter nach und nach ab (erst abschneiden, wenn sie völlig vertrocknet sind!), aber die schöne Wedelkrone bleibt erhalten. Die Sorte 'Bella' ist besonders klein und zierlich und wird gern als Unterpflanzung in Schalen verwendet.

Metallische Bergpalme

Chamaedorea metallica

Diese Art ist ebenfalls in Mittelamerika zu Hause. Der Stamm der Metallischen Bergpalme bleibt niedrig, so daß sie einen strauchähnlichen Wuchs hat. Die Blätter sind an der Spitze eingeschnitten und stark geädert.

Ernst-August-Bergpalme

Chamaedorea ernesti-augusti

Diese Art wird 2 m hoch und wächst in ihrer mittelamerikanischen Heimat gern auf feuchtem, kalkhaltigem Grund.
Wegen der reizvollen zweispaltigen Blattform und dem orangefarbenen Fruchtstand ist sie eine beliebte Palme für das geschlossene Blumenfenster oder den Wintergarten, in denen hohe Luftfeuchtigkeit herrscht.

Acker-Bergpalme

Chamaedorea geonomiformis

Diese Bergpalme wird nur 80 cm hoch, sie bildet lange unterirdische Ausläufer und läßt sich durch Abtrennen bewurzelter Sproßachsen leicht vermehren. Die Acker-Bergpalme blüht schon sehr frühzeitig, manchmal bereits nach Erscheinen der ersten drei Blätter. Diese Palme bildet den Unterwuchs in den feuchten Wäldern ihrer mittelamerikanischen Heimat. Die breiten flächigen Blattwedel sehen einem ungeteilten Blatt sehr ähnlich, sind aber eigentlich einpaarige Fieder.

Die zwei Fieder stehen so eng zusammen, daß man die Blätter der Ernst-August-Bergpalme (*Chamaedorea ernesti-augusti*) leicht für eines halten kann.

Karwin-Bergpalme

Chamaedorea karwinskyana

Sie gehört zweifellos zu den größten Bergpalmen, denn sie kann in ihrer Heimat Mexiko bis zu 10 m hoch werden.
Sie besitzt ein unterirdisch kriechendes Rhizom. Bei uns ist sie als Zimmerpflanze sehr beliebt, da sie reizvolle, oval gefiederte Blätter bildet. Allerdings kommt sie über das Stadium einer Jungpflanze wohl kaum hinaus. An jeder Wedelseite stehen 15–16 Fiederblättchen und bilden einen besonderen Blickfang.

Die Zwergpalme (*Chamaerops humilis*) bleibt stets klein und wächst buschig.

Zwergpalme
Chamaerops humilis

Dies ist die einzige europäische Palme. Sie ist besonders im westlichen Mittelmeerraum verbreitet, kommt aber auch am Schwarzen Meer vor. Die Zwergpalme ist eine typische Fächerpalme, die meist buschig verzweigt als Strauch wächst. Sie wird nicht höher als 8 m. Die Fächer stehen steif auf kurzen Blattstielen. Die Zwergpalme besitzt Adventivsprosse und ist daher stets verzweigt und bildet Ausläufer. Sie bildet lediglich im Alter einen Stamm aus. Dieser besitzt braune Fasern, aus denen das »vegetabilische Roßhaar« gewonnen wird, das man als Polstermaterial benutzen kann. Carl von Linné (1707–1778) zeichnete für die Namensgebung dieser Palmengattung und auch der Art verantwortlich. Linné war es auch, der die Tatsache vertrat, daß eine Frucht nur dann gebildet werde, wenn Blütenstaub auf die Narbe des Fruchtblattes gelangt. Um diese Lehre zu erhärten und zu unterstützen ließ im Jahre 1749 der damalige Direktor des Botanischen Gartens zu Berlin, Johann Gottlieb Gleditsch (1714–1786), sich von einer in Dresden blühenden männlichen Zwergpalme Blütenstaub schicken und brachte diesen auf die Narben des gerade blühenden Berliner Exemplars. Wie viele andere Palmen ist die Zwergpalme zweihäusig, das heißt, die Blüten eines Exemplars enthalten entweder nur Staubblätter oder nur Fruchtblätter. Obwohl der Blütenstaub neun Tage unterwegs war, gelang das Experiment und Gottlieb Gleditsch erntete 1750 eine Anzahl Samen, aus dem er dann elf Pflanzen heranzog. Die Zwergpalme des Berliner Botanischen Gartens war berühmt, sie hatte schon im 18. Jahrhundert eine Höhe von 4 m erreicht.
Zwergpalmen besitzen an ihren Stielen Dornen, deshalb sollte man sich beim Pflegen und Umtopfen vorsehen.

Chamaerops ist eine denkbar unkomplizierte Pflanze. Sie ist ideal für kühle Räume, für den Sitzplatz im Freien, für den Balkon, im Kübel auf der Terrasse oder im Vorgarten. Sie kann in der prallen Sonne stehen – sollte allerdings nach den Wintermonaten erst an die Sonne gewöhnt werden –, nimmt aber auch schattige Plätze nicht übel. Die Zwergpalme benötigt schwere Lehmerde, die etwas mit Sand vermischt wurde. Bei Stickstoffmangel werden ihre Blätter gelblich. Deshalb sollte man im Sommer jede Woche einen Volldünger verabreichen. Die Vermehrung aus dem Samenkorn gelingt auch relativ einfach in der Wohnung. Man kann sie aber auch durch ihre Seitentriebe vermehren, indem man diese an einem warmen und geschützten Platz in feuchter Erde zum Bewurzeln bringt. Die Schnittstellen sollte man wegen der Fäulnisgefahr mit Holzkohlepulver einreiben. Die Zwergpalme wird oft mit der Hanfpalme verwechselt *(Trachycarpus)*, weil diese ebenso starre Fächer besitzt. Die Hanfpalme bildet aber einen Stamm und verzweigt sich dann erst. Die Zwergpalme wird gleich vom Stammgrund aus buschig.

Chamaerops vertragen auch im Winter Temperaturen um die Frostgrenze. Wichtig ist nur, daß sie fast vollkommen trocken stehen. Man kann sie sogar in einem dunklen Raum überwintern. Sie erholt sich in den ersten Wochen des Frühjahrs wieder. Steht sie im warmen Zimmer, bekommt sie schwache »geile« Triebe und mit Sicherheit Läuse.

Ich habe die Erfahrung gemacht, daß Zwergpalmen in Keramik, Ton oder Holzgefäßen wesentlich besser gedeihen als in Plastiktöpfen. Deshalb sollte man die Zwergpalme ruhig umsetzen, ohne dabei den Wurzelballen zu beschädigen.

Den ganzen Sommer über kann die Zwergpalme im Freien stehen, sie verträgt hier sogar volle Sonne.

Goldfruchtpalme
Chrysalidocarpus lutescens

Man kommt ins Schwärmen, wenn man eine Goldfruchtpalme sieht, mir jedenfalls geht es so. Sie hat elegant geschwungene Blattfiedern, die leicht überhängen. Ihr Stamm besitzt »Sommersprossen«, d.h. er ist fleckig und golden angehaucht. In ihrer Heimat, auf Madagaskar und den umliegenden Inseln, sind ältere Pflanzen überhaupt golden. Das helle Grün der dichten Wedel kontrastiert in unserer Wohnung gut zu dunkelgrünen Pflanzen, wie der Kentie *(Howeia)* oder der Zimmertanne *(Araucaria)*.
Die Goldfruchtpalme wächst in den Tropen in Gruppen, da aus einem Rhizom mehrere Pflanzen entspringen. Auch im Zimmer sind mehrere in einem Topf nicht nur attraktiver, sondern auch wüchsiger. Bei uns kann sie eine Höhe von etwa 2 m erreichen, in ihrer Heimat wird sie 15 m hoch.
Die Goldfruchtpalme benötigt einen warmen, hellen, aber auf keinen Fall sonnigen Platz. Ihr hoher Bedarf an Luftfeuchtigkeit sollte dazu führen, daß man sie – besonders bei Heizungsluft im Winter – täglich besprüht. Die Temperatur darf niemals extrem schwanken, sonst reagiert die Pflanze mit dem Gelbwerden der Blätter. Kühlere Temperaturen werden auch vertragen, wenn man sie dann entsprechend wenig gießt. Steht sie ganzjährig warm, so kann man durchaus etwas Wasser im Übertopf lassen. Doch sobald sie gelbe Blätter bekommt, ist das ein Zeichen dafür, daß die Bodenwärme nicht ausreicht, und man muß für einen trockenen Fuß sorgen.

Beim Lüften im Winter decke ich meine Goldfruchtpalme immer mit einem Pappkarton ab, weil ich die Erfahrung gemacht habe, daß diese plötzlich einbrechende Kaltluft ihr sofort schadet.

Eine äußerst elegante Palme ist die Goldfruchtpalme (*Chrysalidocarpus lutescens*), sie wird fälschlicherweise als *Areca* gehandelt.

Kokospalme
Cocos nucifera

Wenngleich die Kokospalme eine allerseits bekannte Pflanze ist, so ist dennoch nicht auszumachen, wo ihre eigentliche Heimat ist. Vermutlich stammt sie aus Südostasien oder auch von den Inseln des Stillen Ozeans, heute wächst sie an allen tropischen Meeresküsten. Erwiesen ist, daß eine Kokosnuß etwa 5000 km im salzigen Meerwasser schwimmen kann, ohne ihre Keimfähigkeit zu verlieren. Sie wird ans Ufer gespült und beginnt dort zu wachsen, zumal sie salzhaltigen Boden ausgesprochen gut verträgt. Ihre breiten Fieder stehen anfangs aufrecht und enden dann in einem elegeanten Schwung. Sie kann in einem Alter von 100 Jahren bis zu 30 m hoch werden. Der schlanke braune Stamm endet in einem Schopf mit etwa 20–30 Fiedern, die dann bis zu 6 m lang werden. Die Kokospalme ist nicht nur die Nutzpflanze der Tropen, sondern hat sich auch als Zierpflanze einen Platz erobert.

Als Zimmerpflanze eignet sie sich vor allem für den Wintergarten oder das geschlossene Blumenfenster, da sie außerordentlich hohe Luftfeuchtigkeit benötigt.

Die Palme ist wärmeliebend und benötigt einen hellen Platz, wobei direkte Sonne zu vermeiden ist. Im Winter sind 18° C ausreichend. Kann man ihr diese Bedingungen nicht bieten, sollte man sich keine Kokospalme anschaffen, da sie sofort mit häßlichen Flecken und Kümmerwuchs reagiert. Im Sommer sollte man sie täglich mehrmals besprühen und auch reichlich gießen. Alle 14 Tage benötigt sie eine Düngergabe. Auch sollte man die Kokospalme nicht ins Freie stellen, denn sie verträgt in dem Alter, in dem sie bei uns verbreitet ist, also als Jungpflanze, noch keine volle Sonne.

Über Winter leiden die meisten Kokospalmen unter der trockenen Heizungsluft im Zimmer. Ich stülpe aus diesem Grunde eine riesige durchsichtige Folientüte über die gesamte Pflanze, um ein gewisses Mikroklima zu schaffen. Die Tüte habe ich zuvor etwas durchlöchert, um Fäulnis zu vermeiden. Gewiß sieht das nicht attraktiv aus, aber es hilft viel. Man sollte diese Methode zumindest dann anwenden, wenn man verreist oder abwesend ist.

Schon als junge Pflanze ist die Kokospalme *(Cocos nucifera)* zwar sehr attraktiv, aber für normale Wohnraumbedingungen nicht empfehlenswert.

Talipotpalme
Corypha umbraculifera

Diese Gattung zählt zu den imposantesten Palmen unserer Erde. Ein Blatt ist so groß, daß sich 20 Menschen darunter vor dem Regen schützen können. Sie ist hauptsächlich in Ceylon zu Hause, wächst aber auch in Südindien, in Malaysia und sogar in Nordaustralien.
Eine interessante Geschichte gibt es noch bei der *Corypha:* Sie stirbt nach dem ersten Blühen und Fruchten ab. Man nennt dieses Phänomen Hapaxanthie. Allerdings produziert sie um so mehr Blüten und Samen. So ist ihr Blütenstand etwa 10 m hoch und bildet bis 100 Millionen kleine Blüten!
Die Talipotpalme hat einen zwar aufrechten, aber dennoch massigen Stamm. Die dichten Fächer haben abgerundete Ränder. Der Blattstiel wird nur 2 m lang, dadurch wirken die vielen kräftigen Fächer sehr kompakt und wie ein Schopf auf dem Stamm.
Dies ist wirklich eine Palme für Liebhaber: So reizvoll sie auch ist – unter Wohnraumbedingungen gedeiht sie schlecht.
Falls man doch einmal ein Exemplar heranziehen möchte, so sollte man ihr einen warmen Platz geben. Ältere Exemplare brauchen im Winter eine Ruhezeit. Dann werden sie weniger gegossen und stehen etwas kühler (um 15° C). Ansonsten muß die Talipotpalme reichlich gewässert werden und bekommt alle 2 Wochen Dünger. Im Sommer kann man sie auch ins Freie stellen. Als Substrat bevorzugt sie eine leichte und nährstoffreiche Erde.

Die Talipotpalme sollte täglich besprüht werden, sonst stellen sich Läuse ein. Auch ein wöchentliches Brausebad tut ihr gut. Dann muß man aber die Erde mit etwas Folie abdecken.

Ölpalme
Elaeis guineensis

Die Afrikanische Ölpalme gehört zu den heiklen Pflanzen für das Zimmer. Dennoch ist sie sehr attraktiv und sicherlich einen Versuch wert. Die Gattung erinnert an die Kokospalme, es gibt auch noch eine weitere Art, die Amerikanische Ölpalme *(Elaeis oleifera)*, sie ist aber noch seltener in Kultur.
Die Ölpalme wird in vielen tropischen Ländern vor allem als Nutzpflanze angebaut. Wie die Kokospalme liefert auch sie ein Öl, aus dem Margarine, Seifen und Kosmetika hergestellt werden. Im Jugendstadium erinnert die Afrikanische Ölpalme im Aussehen an die Dattelpalme *(Phoenix)*. Wie sie hat sie aufstrebende Stiele, die mit hellgrünen Fiedern besetzt sind. Die Ölpalme erreicht in ihrer Heimat, im tropischen West- und Ostafrika eine Höhe von 10–20 m und hat einen Stammdurchmesser von 50 cm. Die Stiele werden fasrig und besitzen dornige Ränder. Die Ölpalme benötigt viel Licht – als Jungpflanze dennoch vor zu praller Sonne schützen! Auch sollte sie reichlich gegossen werden und stets in einem mit Wasser gefüllten Untersatz stehen. Hier ist natürlich wie stets zu bedenken, daß die Ölpalme einen warmen Platz braucht. Sinken die Temperaturen einmal unter 18° C, so darf sie nicht so naß stehen, Fäulnis wäre unweigerlich die Folge.
In Wintergärten und Blumenfenstern, die ein feuchtwarmes Klima bieten, gedeiht die Ölpalme auch unter Zimmerbedingungen sehr gut, sie benötigt nur eine hohe Luftfeuchtigkeit.

Der üppige Blütenstand der Talipotpalme *(Corypha umbraculifera)* erhebt sich wie eine zweite Wedelkrone über die schönen Blätter.

Da die Ölpalme sich mit ihren Wurzeln tief nach unten drängt, sollte man sie unbedingt, will man lange Zeit Freude an ihr haben, in einen sogenannten »Palmentopf« setzen. Dies ist ein Topf, der etwas höher als herkömmliche Pflanzgefäße ist.

Erytheapalme
Erythea

Es gibt etwa acht Arten dieser Palme, die alle im mittelamerikanischen Raum zu Hause sind. Es sind Fächerpalmen, die einen kräftigen bis 10 m hohen Stamm entwickeln. Am Grunde des verdickten Stammes bilden sich Adventivwurzeln. Die fächerförmigen Blätter sind fast kreisrund, filzig überzogen und werden in ihrer Heimat etwa 1,5 m lang.
Erytheapalmen wachsen auch bei uns sehr gut, wenn sie viel Licht bekommen und in nährstoffreicher Erde wurzeln. Allerdings vertragen sie trockene Zimmerluft nicht, deshalb wöchentlich überbrausen und täglich besprühen. Nachts oder auch im Winter darf die Temperatur nicht unter 15° C abfallen. Der Wurzelballen muß ständig feucht gehalten werden, ist er einmal ausgetrocknet, erholt sich die Palme kaum wieder.
Dies ist eine Palme für den Wintergarten, weil sie außerordentlich attraktiv, aber auch ein wenig heikel ist.

Ich lasse immer etwas Wasser im Übertopf stehen, damit auf keinen Fall der Wurzelballen austrocknet. Allerdings steht meine Erytheapalme auch warm. Verreise ich über mehrere Tage, stülpe ich eine Plastiktüte über die Palme, damit sie die Feuchtigkeit und Luftfeuchte behält.

Erythea armata
Diese Palme mit ihrem bedornten Stamm gehört zur Flora Südkaliforniens. Bis zur Mitte sind die fächerförmigen Blätter in gleichmäßig große Fiedern gespalten. Bei guten Bedingungen nehmen die Fächer eine blaugrüne Färbung an.

Eßbare Erythea
Erythea edulis
Die eßbaren Steinfrüchte dieser Palmenart sind süß und schmackhaft. Sie wird in Mittelamerika als Nutzpflanze kultiviert. Der Stamm ist nicht gedornt, die Fächer sind intensiv hellgrün gefärbt.
Diese Art ist auf der Insel Guadalupe besonders verbreitet, weil sie dort auf dem nährstoff-

Eine Ölpalme (*Elaeis guineensis*) fühlt sich im warmen Wasser besonders wohl. Diese Palme paßt ideal in beheizte Wintergärten.

reichen Lavaboden gut gedeiht. Die 40 cm starken Stämme haben eine dicke, rissige und korkige Rinde. Jährlich kann sie 5 Fruchtstände hervorbringen, die jeweils 25–30 kg wiegen.

Euterpepalme
Euterpe

In den sumpfigen Gebieten Südamerikas, in Brasilien und Guayana wächst die Euterpepalme. Sie fällt auf durch ihren glatten, schlanken und biegsamen Stamm, der bis zu 35 m hoch werden kann. Die Fiedern sind breit und überhängend. Die Früchte dieser reizvollen Palme sind eßbar und werden zu einem beliebten Fruchtmus verarbeitet. Nach dem Gären wird daraus ein alkoholhaltiges Getränk. Der elastische und doch feste Stamm ist hervorragend als Baumaterial geeignet. Der deutsche Botaniker Karl Friedrich Philipp von Martius (1794–1868) benannte diese Palme nach der griechischen Schutzgöttin Euterpe, die auch als eine der neun Musen für Flötenspiel, Tonkunst und lyrischen Gesang gilt.
Die Euterpepalme muß immer sehr warm und hell stehen. Die Temperatur darf niemals unter 18° C absinken. Ebenso ist hohe Luftfeuchtigkeit wichtig für ihr gutes Gedeihen. Am besten ist, wenn im Untersatz oder Übertopf stets etwas Wasser stehen bleibt. Sie gehört zu den Palmen, die bereits nach vier Wochen keimen.

Euterpepalmen gedeihen auch sehr gut im Hydrogefäß. Man kann sie noch von Erde auf Hydro umstellen, indem man die Erde aus den Wurzeln mit der Brause ausspült und in das Haltesubstrat umsetzt. In den ersten zwei Wochen erst einmal keine Nährlösung geben! Erst danach füllt man frisches Wasser mit handelsüblichem Hydrodünger auf.

Assaipalme
Euterpe edulis
Sie ist die bekannteste Art, stammt aus Paraguay und Brasilien und wurde berühmt durch ihre aromatischen Früchte, die zu dem Getränk Assai verarbeitet werden. Ihre Fieder sind leicht überhängend.

Kohlpalme
Euterpe oleracea
Nicht ohne Grund trägt diese *Euterpe* den Namen Kohlpalme, denn die jungen Blätter und Blattknospen werden gekocht und als Gemüse zubereitet. Auch roh ergeben sie einen schmackhaften Salat. Die überhängenden Fieder haben eine Breite von etwa 3 m.
Euterpepalmen sind als junge Pflanzen auch für die Wohnung geeignet. Vorzüglich eignen sie sich für Vitrinen oder für das beheizte geschlossene Blumenfenster wegen ihres hohen Bedarfs an Luftfeuchtigkeit und Wärme.

Kentiapalme
Howeia

Um die Jahrhundertwende war die Kentia eine ausgesprochene Modepalme und hat von ihrer Beliebtheit bis heute nichts eingebüßt. Und das mit Recht, denn kaum eine Palme gedeiht im Zimmer so problemlos und ist zugleich von so großer Eleganz wie die Kentia. Besonders dann, wenn sich im Topf mehrere Pflanzen befinden.
Die Kentia stammt von den Lord-Howe-Inseln östlich von Australien. Ältere Pflanzen werden dort zu schönen 12 m hohen Bäumen.
Die Kentia ist trotz ihres relativ hohen Anschaffungspreises auch deshalb so beliebt, weil sie fast die einzige Palme ist, der trockene Zimmerluft gar nichts ausmacht und sie nicht mit braunen Blattspitzen reagiert, wie sonst fast alle Palmen.
Ihre dichten Fiedern sind so breitblättrig, daß sie insgesamt fast wie eine Fächerpalme wirkt. Sie ist aber eine Fiederpalme, deren Wedel mit elegantem Schwung nach außen neigen. Die Stämme sind glatt und schlank. Ihre Färbung ist intensiv dunkelgrün. Nur junge Triebe sind hellgrün. Die Kentia hat noch einen großen Vorteil: Sie verträgt absoluten Schatten. Sonne schadet ihr sogar, sie reagiert sofort mit häßlichen braungelben Brandflecken.
Die Kentia läßt sich schwer aussäen, da ihr Samen rasch seine Keimfähigkeit verliert. Früher wurde er deshalb in geleearti-

Die Belmoreanische Kentia (*Howeia belmoreana*) wächst ausladender als die Forstersche Kentia.

ger Masse in Gläsern importiert. Heute bemüht man sich um die Meristemenvermehrung im Reagenzglas.
Es gibt von ihr 2 Arten, die erst im Alter zu unterscheiden sind.

Belmoreanische Kentia

Howeia belmoreana

Diese Art wurde nach dem Gouverneur von Neusüdwales De Belmore benannt. Sie bildet einen mehrere Meter hohen dünnen Stamm. Die Wedelstiele sind kurz und etwas rötlich gefärbt. Die Wedel werden bis zu 2 m lang, wachsen aufsteigend und neigen sich sanft nach außen. Die Belmoreanische Kentia besitzt einen grazilen Wuchs. Sie verträgt auch Trockenheit und ist besonders empfindlich gegenüber Staunässe, dann fault sie leicht. Ältere Pflanzen stehen auch bei 10° C noch gut, ansonsten mögen die Kentien ganzjährige mäßige Wärme. Ist es zu warm, stellen sich leicht Schildläuse ein.

Beim Kauf einer Kentia immer darauf achten, daß der Stamm nicht bräunlich, sondern stets grün gefärbt ist. Bei Fäulnis im Wurzelbereich wird nämlich stets der Stamm zuerst in Mitleidenschaft gezogen. Es kann Wochen dauern, ehe man den Schaden an den Blättern bemerkt. Dann ist die Palme allerdings nicht mehr zu retten. Da stets mehrere im Topf sind, sollte man die Pflanze mit dem braunen Stamm gleich herausnehmen, falls man diese Anzeichen von Wurzelfäule bemerkt.

Forstersche Kentia

Howeia forsteriana

Diese Art erhielt ihren Namen zu Ehren des Senators von Südwales, William Forster. Sie hat einen kräftigeren Stamm, er ist auch unten nicht verdickt. Auch wächst sie rascher als die Belmoreanische Kentia.

Elegant und gerade stehen die Fiederblätter der Forsterschen Kentia (*Howeia forsteriana*).

So prächtig präsentiert sich die Honigpalme (*Jubaea chilensis*) an ihrem Heimatstandort.

Honigpalme
Jubaea chilensis

Diese attraktive Fiederpalme ist heute selten geworden. Sie wächst wild in Chile.
Die Honigpalme benötigt ein feuchtes und relativ kühles Klima. Sie kann bis 20 m hoch werden. Am Stammende stehen die Fiederblätter waagerecht ab.
Die Honigpalme liefert schmackhafte Steinfrüchte, die im Geschmack an die Kokosnuß erinnern und als Coquitos gehandelt werden. Allerdings beginnt die Honigpalme erst im Alter von 60 Jahren mit der Blüten- und Fruchtbildung. Bis dahin haben sich im Stamm große Mengen von Zuckerreserven gebildet, die auch allesamt angezapft wurden. Sogar nach dem Abholzen schnitt man den Stammrest an und erntete so fast täglich pro Baum 300 Liter Zuckersaft. Diesem Raubbau wurde ein Ende gesetzt und die wenigen Exemplare der Honigpalme, die es heute noch in Mittelchile gibt, stehen unter strengem Naturschutz. Der Zuckersaft war nämlich eine begehrte Delikatesse, er kam als Palmhonig (eingedickter Sirup) in den Handel.
Die Honigpalme verträgt auch über längere Zeit Trockenheit, wenn sie entsprechend kühl steht. Sie wächst allerdings sehr langsam. Heute findet man sie auch ausgepflanzt als herrlichen Parkbaum in Südkalifornien.
Im Zimmer sollte man für hohe Luftfeuchtigkeit, sparsames Gießen und mäßige Wärme sorgen. Steht sie zu warm, stellen sich unweigerlich Schildläuse ein.

Zwar ist es interessant, die Honigpalme aus ihren Nüssen selbst heranzuziehen, doch muß man Geduld haben. Ihr Samen keimt trotz bester Bedingungen erst nach einem halben Jahr!

Lataniapalme
Latania

In Ostafrika und auf den Maskarenen kommen diese Fächerpalmen vor. Dort werden sie bis zu 10 m hoch. Die großen Blattfächer erreichen oftmals eine Breite von 1,5 m. Alle 3 bekannten Arten haben rötlich oder gelb gefärbte Blattstiele.

Fast alle Palmen bevorzugen eine lehmhaltige Erde. Lataniapalmen machen da eine Ausnahme, sie wurzeln am besten in leichter Erde. Deshalb sollte man beim Umtopfen handelsübliche Erde mit etwas Sand vermischen.

Latania loddigesii
Diese schöne Palme wächst auf der Insel Mauritius, die Fächer haben eine blaugraue Färbung und sind mit Dornen besetzt.

Latania lontaroides
Das ist die bekannteste Art, die auch in Gärtnereien herangezogen wird. In Südostasien und Südamerika ist sie als Zierpalme sehr gefragt. Ihre Blattstiele sind leicht rötlich gefärbt.

Die empfindlichen Lataniapalmen brauchen viel Wärme. In keinem Fall, also auch nicht nachts, sollte die Temperatur unter 18° C abfallen. Die Pflanzen wachsen nur gut, wenn sie im Halbschatten stehen. Direkte Sonne schadet ihnen sehr. Auch darf der Wurzelballen niemals über längere Zeit trocken stehen. Der Topf sollte sich ständig in einem wassergefüllten Untersatz befinden. Diese äußerst attraktive Fächerpalme gedeiht nur unter feuchtwarmen Bedingungen gut, deshalb ist sie ideal für den Wintergarten oder die Vitrine.

Latania verschaffeltii
Auf der Insel Rodrigues, östlich von Mauritius, ist diese Palme mit den gelblich gefärbten Stielen zu Hause. Ihre Blattfächer sind tief geteilt.

Bei feuchtwarmen Wetter kann die Lataniapalme (*Latania lontaroides*) auch mal im Freien stehen, wenn der Platz schattig ist.

Strahlenpalme
Licuala

Sie sieht der Schirmpalme *(Livistona)* sehr ähnlich, ist aber in der Pflege problematischer. Die Strahlenpalme stammt aus dem tropischen Ostasien, dort wächst sie zumeist im Untergrund auf feuchten und warmen Böden. Die Palme wird nicht sehr hoch. Die breiten Fächer sind sehr dekorativ und wenn man einen warmen, stets feuchten Platz hat und der Palme sowohl Halbschatten als auch hohe Luftfeuchtigkeit bieten kann, dann macht sie keine Schwierigkeiten und gedeiht prächtig. Auch nachts und im Winter darf die Temperatur nicht unter 18° C absinken.

Mit herrlichen Blättern wartet die Strahlenpalme *(Licuala grandis)* auf.

So attraktiv diese Palme ist (*Licuala grandis*), so problematisch ist auch ihre Pflege, allerdings fühlt sie sich in einem Wintergarten durchaus wohl.

Gut ist es, wenn man im Untersatz oder im Übertopf stets etwas lauwarmes Wasser stehen hat. Ich habe eine Strahlenpalme auf Hydro umgestellt und stellte fest, daß sie so nur gedeiht, wenn das Wasser im Topf leicht warm ist. Also die ideale Palme für den Platz in Heizungsnähe!

Licuala grandis

Dies ist die bekannteste Art, die in Gärtnereien herangezogen wird. Der etwa 1 m lange Wedelstiel ist teilweise bedornt. Diese Art hat kaum eingeschnittene Blätter.

Licuala peltata

Aus Indien und Burma kommt diese recht große Art. Sie wird in ihrer Heimat bis zu 5 m hoch. Die fast runden Fächer sind fingerartig geteilt.

Licuala spinosa

Die dornige *Licula* ist auf Java zu Hause und bildet Blätter mit einem Durchmesser von fast 1 m. Der große Fächer ist in Abschnitte geteilt und am Rand gezackt.

Die Schirmpalme *(Livistona rotundifolia)* ist bereits als kleines Exemplar von großer Attraktivität.

Schirmpalme
Livistona

Dies ist die »Fächerpalme par excellence«. Deshalb erfreut sich die Schirmpalme mit ihren leuchtend grünen, breiten, mitunter fast runden Fächern auch so großer Beliebtheit. Sie stammt aus Südostasien, Malaysia, Australien und Neuguinea. Inzwischen kennt man etwa 24 Arten. Drei davon sind als Zimmerpflanze bei uns bekannt, beliebt und bewährt. Denn die Schirmpalme ist eine robuste Fächerpalme, die auch unter Wohnraumbedingungen recht alt werden kann.

Ein Erkennungszeichen der Schirmpalme ist der mit Dornen besetzte Stiel, der die herrlichen Fächer trägt. Wer sich viel mit dieser Palme beschäftigt, spürt bald die Schärfe der Dornen. Die Schirmpalme wächst relativ rasch, bei guter Pflege bildet sie jährlich drei neue Fächer. Das ist für eine Palme unter diesen Bedingungen schon recht viel. Sie möchte einen hellen Platz bei mäßigen Temperaturen, es reichen ihr 14–18° C. Dann allerdings sollte sie weniger gegossen werden. Steht sie warm, muß man wegen der riesigen Verdunstungsfläche natürlich oft gießen. Im Sommer sollte alle 14 Tage eine Volldüngergabe verabreicht werden, bei Nährstoffmangel werden die Blätter hell.

Ich stelle die *Livistona* im Sommer immer ins Freie und nehme auch in Kauf, daß ihre Wedel manchmal etwas einknicken, wenn es gar zu stürmisch ist. So habe ich niemals Probleme mit Schädlingen und Krankheiten, weil meine Palme abgehärtet und gekräftigt in den Winter geht.

Australische Schirmpalme
Livistona australis
Dies ist eine besonders widerstandsfähige und robuste Art. Sie ist in den feuchten Regenwäldern von Südostaustralien beheimatet und möchte daher auch im Zimmer öfter einmal ein Brausebad oder gelegentliches Besprühen der Blätter. Die breiten Blätter sind dunkelgrün und glänzend.

Chinesische Schirmpalme
Livistona chinensis
Diese Schirmpalme wird in ihrer asiatischen Heimat 15 m hoch. Die glänzend grünen Fächer breiten sich nicht rund wie bei der Australischen Schirmpalme aus, sondern elliptisch. Die blaugrünen schmackhaften Früchte werden als Latanenäpfel bezeichnet, das ist aber ebenso irreführend, wie der Umstand, daß diese Palme im Handel oftmals als »Latane« angeboten wird – *Latania* ist eine gänzlich andere Palmengattung.

Rundblättrige Schirmpalme
Livistona rotundifolia
Diese Art stammt aus Indonesien und von den Philippinen. Sie ist besonders reizvoll, weil sie als Jungpflanze, also in dem Stadium, in dem sie auch gehandelt wird, richtig runde Blätter besitzt. Die Stiele sind braun bedornt. Dies ist auch die einzige Art der Schirmpalme, die einen leichten, etwas sandhaltigen Boden möchte. Alle anderen Arten bevorzugen lehmhaltiges Substrat.

Eine Schirmpalme (*Livistona australis*) wächst sehr rasch und entfaltet unter feuchtwarmen Bedingungen sehr breite Blätter.

Flaschenpalme
Mascarena

Die wohl skurrilsten Geschöpfe in der Familie der Palmengewächse sind die Flaschenpalmen. In der Literatur sind sie auch unter dem Namen Futterpalme *(Hyophorbe)* zu finden. Die Flaschenpalme kommt auf den Maskarenen im Indischen Ozean vor, sie besitzen einen flaschenförmigen Stamm, an dessen Ende eine Krone ungewöhnlich breiter Wedel mit kräftigen Fiedern sitzen. Die Flaschenpalme braucht einen stets warmen Platz, auch im Winter und nachts darf die Temperatur möglichst nicht unter 18° C absinken. Ansonsten mögen sie als Jungpflanze – nur so findet man sie ab und zu im Angebot (meist unter dem veralteten Namen Hyophorbe) – noch keinen sonnigen Platz. Sie benötigen viel Feuchtigkeit und sollten daher täglich gegossen wer-

Die Flaschenpalme hat es gern, wenn sie an einem bodenwarmen Platz stets im wassergefüllten Untersatz steht. Also ruhig warmes Wasser in den Übertopf gießen!

Andeutungsweise ist an dieser relativ jungen Flaschenpalme *(Mascarena verschaffeltii)* der flaschenförmige Stammansatz zu erkennen, im Alter bekommt sie einen bauchigen Stammgrund.

den. Gelegentliches Abbrausen tut ihnen ebenfalls gut.

Mascarena lagenicaulis
Dies ist die typische Flaschenpalme. Als Jungpflanze sieht ihr Stamm einer Zwiebel ähnlich. Diese Palme wird über 1 m hoch. Die Fiedern sind 5 cm breit und können über 50 cm lang werden. Sie laufen in einer Spitze aus. Diese Palmenart verträgt kurzzeitig Trockenheit und sogar leichte Überdüngung, bevorzugt aber einen überaus hellen Platz.

Mascarena verschaffeltii
Der Stamm dieser Art ist nicht so ausgeprägt flaschenförmig. Die Wedel sind zierlich gebogen, ihre Stiele etwas rötlich gefärbt. An der Unterseite befindet sich ein gelber Mittelstreifen. Diese Pflanze eignet sich besser für die gärtnerische Kultur und gedeiht auch gut im warmen Zimmer an einem hellen Platz, man darf sie allerdings nicht der vollen Sonne aussetzen.

Kokospälmchen
Microcoelum weddelianum

Dies ist wohl die zierlichste und zarteste Palme überhaupt. Sie stammt aus dem tropischen Brasilien. Früher wurde diese Palme der Gattung *Cocos* zugeordnet. In Brasilien gibt es eine weitere Art, die aber als Zimmerpflanze keinerlei Bedeutung hat.
Das Kokospälmchen ist eine grazile Fiederpalme, die höchstens 1,5 m hoch wird. Ihr Stamm erreicht nur eine Dicke von 3 cm. Die zierlichen Wedel können 1 m lang werden und beugen sich in sanftem Schwung. Gleichmäßig in Paaren sitzen die Fiederblättchen an beiden Seiten der Mittelrippe. Auf der Unterseite sind die Fiedern grauweiß angelaufen, dadurch scheint das Kokospälmchen leicht bläulich zu schimmern.
Wenngleich dieses elegante Pälmchen sich seinen Platz als Zimmerpflanze längst erobert hat, so ist seine Pflege doch nicht ganz unproblematisch. Das ganze Jahr über möchte die Palme einen warmen Standort, ohne direkte Sonne allerdings. Sie benötigt hohe Luftfeuchtigkeit. Man sollte das Kokospälmchen daher täglich mehrmals übersprühen. Bei Temperaturen ab 18° C stelle man die Palme in ein wassergefülltes Gefäß auf einen umgedrehten Untersatz, um ihr durch das Verdunsten eine hohe Luftfeuchtigkeit zu bieten.
Auch sollte man Zugluft unbedingt vermeiden. Beim Umtopfen ist besondere Vorsicht angesagt, keine Wurzel darf beschädigt werden. Am besten ist, wenn man den Topfballen gar nicht von der alten Erde befreit, sondern nur in frische Erde einfüttert in den neuen, etwas größeren Topf. Alle 2 Wochen sollte man über Sommer einmal mit einer schwachen Düngerlösung düngen. Das Kokospälmchen ist die ideale Palme für das geschlossene Blumenfenster.

Die Neodypsispalme (*Neodypsis decaryi*) verträgt im Sommer einen Platz im Freien.

Neodypsispalme
Neodypsis decaryi

Völlig zu Unrecht ist diese Palme als Zimmerpflanze selten geworden. Ihre sehr langen und dunkelgrünen Fiederblätter stehen aufrecht in dreikantiger Anordnung um den unten verdickten Stamm. Sie ist äußerst attraktiv. Es gibt von ihr 15 Arten auf Madagaskar. Dort wächst sie in mittelfeuchten Wäldern und wird etwa 6 m hoch.
Die Neodypsispalme ist im Zimmer relativ problemlos zu halten, nur wird sie bei uns nicht so groß. Die im Handel angebotenen Pflanzen sind auch ausschließlich Jungpflanzen. Daher sollte man ihnen ständig eine gleichmäßige Temperatur, nicht unter 18° C bieten. Auch verträgt die Neodypsispalme keine Zugluft. Sie möchte einen ständig feuchten Wurzelballen, lokkere Erde und sollte alle zwei Wochen in den Monaten Mai bis August mit einem guanohaltigen Volldünger gedüngt werden. Häufiges Abbrausen tut ihr gut.
Steht sie zu warm und vor allem lufttrocken, so stellen sich leicht Spinnmilben ein. Man erkennt sie an zarten Spinnweben in den Blattachseln. Dann muß man die Palme sofort mit einer leichten Seifenlösung abwaschen und nach 8 Tagen mit einem Spinnmilbenpräparat behandeln. Später sollte man den Platz wechseln und ihr mehr Luftfeuchtigkeit bieten.

Um die Palme vor direkter Mittagssonne zu schützen, bedecke ich sie mit einem Bogen Seidenpapier. Ich mache ihn mit Tesafilm an den Fiedern fest. Aber wenn man Gardinen oder Rollos hat, genügt es, diese herunterzuziehen.

Dattelpalme
Phoenix

Die Dattelpalme ist wohl die bekannteste Zimmerpalme überhaupt. Zudem läßt sie sich überaus leicht heranziehen. Sogar aus den kandierten Dattelfrüchten kann man keimfähigen Samen gewinnen. Die Dattelpalmen sind allesamt Fiederpalmen, man kennt heute 13 Arten dieser Gattung, die aber recht schwer voneinander zu unterscheiden sind. Im Laufe von Jahrhunderten haben sich auch Hybriden herausgebildet. Die Dattelpalme ist weit verbreitet. Man findet sie auf den Kanarischen Inseln ebenso wie in Nordafrika, auf Sumatra und bis Taiwan. Aber auch in den tropischen Regionen Mittel- und Südamerikas sowie in Indien und auf Madagaskar gibt es

Diese Dattelpalme (*Phoenix dactylifera*) fühlt sich in warmen Regionen überaus wohl und gedeiht prächtig.

Phoenixpalmen. »Phoenix« wurde diese Palme schon von dem griechischen Philosophen und Naturforscher Theophrastus (um 371–287 v. Chr.) genannt, wahrscheinlich nach Phönizien, wo die Griechen diese Palme zum ersten Mal sahen.

Die Dattelpalme hat eine Besonderheit, die wir auch bei uns beobachten können, wenn wir größere Exemplare im Sommer im Freien stehen haben: Bei Trockenheit stehen die Wedel auffällig aufrecht und leiten dann das spärliche Regenwasser in den Fiederrinnen dem Stamm und weiterhin den Wurzeln zu. Auf feuchtem Standort sind die Fiedern nach außen gebogen und leiten so die Niederschläge ab.

Dattelpalmen sind als Zimmerpflanzen leicht zu halten, da sie äußerst robust sind. Man sollte sich eine Faustregel über die Dattelpalme merken: Sie benötigen einen feuchten Fuß und einen sonnigen Kopf. Das ist im Prinzip die ganze Pflege. Allerdings darf man die Wirkung der Temperatur, die sie dabei benötigen, nicht vergessen. Feuchter Wurzelballen bei Kühle führt unweigerlich zu Schäden. Im Winter sollte man sie etwas kühler stellen, da sich sonst leicht Spinnmilben bei trockener Heizungsluft ausbreiten. Dann natürlich weniger gießen, aber niemals darf der Ballen austrocknen. Von April bis August kann man der Palme jede Woche eine Düngerlösung verabreichen. Ich bevorzuge Flüssigdünger mit Guano. Auch stelle ich meine Dattelpalme grundsätzlich den ganzen Sommer über ins Freie. Das bekommt ihr ausnehmend gut, sie geht gekräftigt in den Winter und niemals habe ich irgendwelche Schädlinge an meinen Palmen. Allerdings gewöhne ich sie im Frühjahr erst einmal an die frische Luft und an die Sonne, ehe ich sie an ihren endgültigen Platz stelle. Dann hält sie der prallen Sonne ohne Probleme stand. Auch starke Regengüsse und Stürme machen ihr nichts aus, wenn sie »umgewöhnt« einen Standort im Freien hat. Selbst niedrigere Temperaturen über kurze Zeit übersteht sie problemlos.

Als dekorative Palme, die auch im Zimmer sehr groß werden kann, ist sie besonders für große Räume geeignet. Ihre Wedel werden breit und raumgreifend und daher sollte man sie allein stellen und ihr viel Platz einräumen. Die Dattelpalme ist eine der wenigen Palmengattungen, bei der die Aussaat auf dem Fensterbrett relativ rasch und sicher gelingt. Denn die meisten Samen von Palmen brauchen fast sechs Monate, ehe sie zum Keimen kommen! Hinzu kommt, daß die Keimfähigkeit rasch nachläßt. Hingegen kann man eine

Im Zimmer sollte die Dattelpalme *(Phoenix canariensis)* einen Platz für sich allein bekommen, da ihre Fiederblätter bald ausladend werden.

Dattelpalme auch noch nach Jahren aus dem Kern vermehren. Ich nehme die Kerne und weiche sie mehrere Tage über dem Heizkörper in warmen Wasser ein. Dann feile ich mit einer Nagelfeile die Nahtstelle des Kerns vorsichtig an und lege den Kern in ein feuchtes Substratbett (leichte Erde, mit einer Handvoll Sand vermischt). Damit ich nicht jeden Tag die Feuchtigkeit überprüfen muß, bedecke ich das Ganze mit einer Glasscheibe oder mit durchsichtiger Folie. Allerdings muß öfters gelüftet werden, um Fäulnis durch das Schwitzwasser zu vermeiden. Bereits nach zwei Monaten (das ist für Palmen rasch!) zeigt sich ein nadelfeiner hellgrüner Keim. Nun muß man weiterhin Geduld haben. Stets feucht und warm halten, ist hier die Devise, und auch über Winter nicht unter 18° C stellen.

Das Umgewöhnen der Palme nach dem lichtarmen Winter an die helle Frühjahrssonne sollte man erst einmal stundenweise vornehmen. Der Aufwand lohnt sich, denn die Brandflecken lassen sich nicht wieder »wegpflegen«, die Wedel sind hinüber, wenn sie durch direkte Sonne verbrannt sind. Noch ein Tip: Trockene Palmwedel erst dann von der Pflanze abschneiden, wenn sie wirklich total vertrocknet sind.

Echte Dattelpalme
Phoenix dactylifera
In Nordafrika und in den arabischen Ländern ist die Echte Dattelpalme der wichtigste Oasenbaum, doch auch in Nordamerika ist sie zu finden. Sie bildet einen schlanken Stamm, der etwa 20 m hoch wird. Die Blätter sind schlank und nicht so dicht und kompakt wie bei anderen Dattelpalmen. Oft ist ihr Wuchs etwas sparrig und man meint, daß man etwas falsch in der Pflege mache. Dies ist aber nicht so, denn die Echte Dattelpalme sieht als Zimmerpflanze eben so aus. Geeigneter und dichter ist zweifellos die Kanarische Dattelpalme *(Phoenix canariensis).*

Kanarische Dattelpalme
Phoenix canariensis
Diese dichtbeblätterte Dattelpalme ist besonders gut für Wohnungen geeignet. Im Jugendstadium wächst sie buschig und ihre Fiedern reichen bis zum Stammgrund. Erst im Alter entwickelt sie einen dicken Stamm. Dann sehen diese Palmen aber besonders schön aus. Man kann sie auf den Kanarischen Inseln wildwachsend in großer Zahl finden. Die Blätter sind weicher als die der Echten Dattelpalme. Die Fiedern der Kanarischen Dattelpalme sind anfangs starr aufgerichtet und neigen sich erst nach vollständiger Entwicklung der Wedel.

Zwergdattelpalme
Phoenix roebelenii
Diese attraktive Palme ist außergewöhnlich zierlich und fein. Allerdings ist sie auch problematischer in der Pflege als andere *Phoenix*-Arten. Diese Palme ist vor allem in Nordindien, in Laos und im Süden Vietnams zu Hause. Sie wächst buschig, bildet mehrere Stämme und wird meist nicht höher als 2 m. Die zarten Fieder wachsen überhängend. Die jungen Triebe sind von einem grauen Reif überzogen. Diese Dattelpalme gehört im Sommer nicht ins Freie! Sie möchte auch ganzjährig eine Temperatur um mindestens 18 °C und benötigt eine hohe Luftfeuchtigkeit. Auch darf der Ballen niemals austrocknen.

Auch wenn es den Anschein hat, dieser Topf ist für die Dattelpalme nicht zu klein, denn Palmen mögen einen engen Fuß.

Senegalpalme
Phoenix reclinata
Diese Palme aus den tropischen Teilen Afrikas benötigt das ganze Jahr über einen feuchtwarmen Standort. Sie ist die ideale Pflanze für den Wintergarten und für große geschlossene Blumenfenster. Ihr Bedarf an Luftfeuchtigkeit ist sehr

Elegant und dekorativ, jedoch anspruchsvoll in der Pflege ist die Zwergdattelpalme *(Phoenix roebelenii)*.

hoch, auch darf der Wurzelballen niemals austrocknen. Im Winter sollten die Temperaturen nicht unter 20° C fallen. Einen Vorzug hat sie allerdings: Sie verträgt volle Sonne, auch keimt ihr Samen bereits nach einem Monat.
Da sie in ihrer Heimat meist in Gruppen anzutreffen ist, bildet sie auch unter Wohnraumbedingungen Adventivsprosse, wenn man sie gut pflegt. Ihre Wedel werden bis 2 m lang und sind weit überhängend.

Theophrastus-Palme

Phoenix theophrastii

Der Schweizer Botaniker Werner Greuter (geb. 1938) benannte diese Art nach dem griechischen Gelehrten Theophrast (371–287 v. Chr.), der auch als Begründer der Botanik als Wissenschaft gilt. Diese Dattelpalmenart kommt nur im Osten der Insel Kreta wildwachsend vor. Sie ist allerdings sehr widerstandsfähig, hat durch die starren Fiedern ein robustes Äußeres und kommt im Winter mit 10° C aus, allerdings muß man dann auch weniger gießen! Im Sommer sollte man diese Palme unbedingt ins Freie stellen, damit sie kräftig bleibt. Alle 2 Wochen ist der Erde etwas Flüssigdünger beizumischen. Sie verträgt durchaus kühlere Sommertage, ohne Schaden zu nehmen.

Steckenpalme
Rhapis

Wieder eine Schattenpalme! Es ist kaum zu glauben, aber in der Tat so, daß die meisten Palmen besser im Schatten als in der Sonne gedeihen. Das hat zwei Gründe: Zum einen befinden sie sich bei uns noch in der Entwicklungsphase, sind also empfindlicher als ihre riesigen Verwandten am Heimatstandort, und zum anderen wachsen viele Palmen eigentlich in den schattigen Regenwäldern als Unterwuchs anderer Riesen. Die Steckenpalme ist eine unproblematische und leicht zu haltende Fächerpalme. Schon vor 200 Jahren wußte man dies und führte Palmen dieser Gattung aus Südostasien nach Europa ein und kultivierte sie in den hiesigen Gärtnereien weiter. Die Steckenpalme wächst buschig, entwickelt rohrartige schlanke Stämmchen und verhältnismäßig kleine Fächer von nur 20 cm Durchmesser. Die Blattfarbe ist von tiefdunklem Grün. Die Steckenpalme kann auch kühl stehen, im Winter sind 10° C ausreichend. Im Sommer muß sie dann eben mehr Wasser bekommen. Vor Zugluft ist die Steckenpalme zu schützen. Ansonsten macht sie fast alles mit. Im Sommer kann man sie an einen schattigen Platz ins Freie stellen.
Gedüngt wird sie alle drei bis vier Wochen mit einem stickstoffreichen Volldünger. Die Steckenpalme eignet sich auch für die Hydrokultur, nur muß man beim Umstellen wirklich alle Erde herausspülen, weil sonst mit Fäulnis zu rechnen ist.

Zwar kann man die Steckenpalme auch durch Aussaat vermehren, das dauert aber genauso lange wie bei anderen Palmen. Einfacher ist es, bewurzelte Seitensprosse vorsichtig abzuschneiden und neu einzutopfen. Die Schnittstellen reibe ich wegen der Fäulnisgefahr immer mit Holzkohlenpulver ein.

Rhapis excelsa
Die »Erhabene« wird sie auch genannt, da sie eine Höhe von 4 m erreicht. Das ist für eine *Rhapis* eine Leistung! Bei uns im Zimmer wird sie allerdings nur 50 cm hoch. Die derben Fächer der *Rhapis excelsa* sind tief eingeschnitten und etwas bogenförmig. Ich empfand, als ich zum ersten Mal eine solche Palme anfaßte, daß sich die Blätter wie »künstlich« anfühlen, weil sie wirklich sehr robust sind. Dennoch sind sie von eigenartigem Reiz und lassen sich mit anderen, zarten, hellgrünen Pflanzen gut kombinieren.

Die Blätter der Steckenpalme (*Rhapis humilis*) »klingen« beim Berühren wie Metall. Diese robuste Palme braucht einen schattigen Platz.

Rhapis humilis
Der Name dieser Art bedeutet die »Niedrige«, denn ihr Wuchs bleibt stets gedrungen. Sie macht auch einen eleganteren Eindruck als die vorgenannte Art. Der Stamm ist mit sehr feinen Fasern umhüllt und die Fächer sind kleiner. Sie sind schwach gezähnt und laufen spitz aus.

Die Steckenpalme kann auch in Verbindung mit Bonsai-Gestaltungen verwendet werden. Durch ihre zierlichen Blätter und aufstrebenden Stiele bildet sie einen idealen Hintergrund.

Relativ selten im Handel ist die Nikanpalme (*Rhopalostylis baueri*), obwohl sie auch unter normalen Wohnraumbedingungen gut gedeiht.

Nikanpalme
Rhopalostylis

Eine besonders schöne Fiederpalme ist die Nikanpalme, die auf den Norfolk-Inseln, in Neuseeland und Australien verbreitet ist. Dort wird sie bis 10 m hoch. Die Wedel bilden am Ende des Stammes eine schräg nach oben gerichtete Krone. Sie sind gleichmäßig gefiedert.
Anfangs wurde die Nikanpalme der Gattung *Howeia* zugeordnet.
Diese Palme ist relativ anspruchslos und auch unter Wohnraumbedingungen leicht zu halten. Im Winter sollte man allerdings für kühlere Temperaturen sorgen und dann auch weniger gießen. Ansonsten bevorzugen die Palmen einen warmen, aber nicht sonnigen Platz mit regelmäßiger Feuchtigkeit. Über Sommer kann man die Palme sogar ins Freie stellen.
Die Fiedern haben unterseits einen grauen Belag, das ist artspezifisch und hat nichts mit einem eventuellen Schädlingsbefall zu tun.

Am schönsten wirkt die Nikanpalme für sich allein im Zimmer. Man kann sie in Fensternähe stellen, aber auch im Zimmerinneren gedeiht sie gut, da sie nicht so sonnig stehen möchte.

Rhopalostylis baueri
Um 1900 wurde diese Art noch der Gattung Kentia zugeordnet und war in jeder Gärtnerei zu finden. Die Wedelstiele werden bis zu 3 m lang. Sie haben einen bräunlichen Schimmer.

Rhopalostylis sapida
Diese Art bringt schmackhafte Beeren hervor. Sie wirkt steifer als die andere Art. Der Stamm ist geringelt. Die Blätter werden nur gut 1 m lang. Die schmalen Fiedern haben einen zurückgebogenen Rand.

Königspalme
Roystonea regia

Kaum eine Palme kann ein solch imposantes Aussehen für sich verbuchen. Der Stamm, er ist glatt und grau, wird über 40 m hoch und besitzt eine Wedelkrone von großen dichten Fiedern.

Es gibt 2 Arten, die Karibische Königspalme *(Roystonea oleracea)*, die aber weniger verbreitet ist als die hier zu beschreibende Kubanische Königspalme *(Roystonea regia)*. Sie ist auf Kuba zu Hause und steht als Wappenpflanze unter Schutz. Ihre Wedelkrone auf dem glatten Stamm ist wirklich beeindruckend. Der steife Blattstiel ist etwa 60 cm lang, die Fiedern sind zahlreich und werden 1 m lang. Die Kubanische Königspalme wächst am besten in nährstoffreicher Erde. Gleich drei Botaniker machten sich um die wissenschaftliche Erforschung dieser Pflanze verdient: Alexander von Humboldt (1769–1859), Jaques Bonpland (1773–1858) und Sigismund Kunth (1788–1850).
Die Königspalme ist etwas für ausgesprochene Palmenliebhaber mit Wintergarten, sonst wächst sie kümmerlich. Ältere Exemplare können den Sommer über im Freien stehen. Auch im Zimmer vertragen sie Sonne, sollten aber reichlich Wasser erhalten und öfters besprüht werden. Wichtig ist das Düngen, das man von Mai bis August allwöchentlich vornehmen sollte.
Die Königspalme ist eine dekorative Palme für Hotelfoyers, Cafés und große Eingangshallen. Auch in Hallenbädern ist sie zu finden und fühlt sich dort sehr wohl.

Ihrem Namen alle Ehre macht die Königspalme *(Roystoma regia)*, sie bildet auf dem geraden hohen Stamm eine prächtige Wedelkrone.

Sabalpalme
Sabal

Von dieser mächtigen stammbildenden Fächerpalme gibt es etwa 20 Arten, aber nur zwei sind bei uns als Zimmerpflanzen verbreitet.
Die Sabalpalme ist auf dem amerikanischen Kontinent zu Hause. Manche von ihnen werden 20 m hoch, der Stamm hat dann einen Durchmesser von 1 m. Im Zimmer bleiben die Sabalpalmen, auch wenn sie ziemlich alt sind, klein.
Sabalpalmen möchten nicht zu sonnig stehen. Sie benötigen ausreichend Feuchtigkeit und sollten oft besprüht werden, da sie trockene Zimmerluft nicht vertragen. Im Winter muß diese Palme unbedingt einen kühlen Platz um 15° C haben, weil sie sonst von Schädlingen befallen wird. Ist es in der Wohnung zu warm, sollte man sie im Treppenhaus aufstellen, allerdings verträgt die Palme keine Zugluft.

Kleine Sabalpalme
Sabal minor

Diese Palmenart ist auf der Insel Kuba heimisch, der Stamm ist eine kerzengerade Säule, steckt tief in der Erde und reicht nur wenig über den Erdboden. Dadurch scheint es, als sei die Kleine Sabalpalme stammlos. Sie hat fast runde Fächer von blaugrüner Färbung.

Palmettopalme
Sabal palmetto

Der Stamm dieser Palme ist eigenartig gemustert. Diese Palme möchte es im Winter noch kühler als die kleine Sabalpalme, 12° C sind völlig ausreichend. Natürlich braucht sie dann auch weniger Wasser.

Jede Woche mindestens einmal sollte man im Übertopf nachschauen, ob sich überschüssiges Gießwasser darin befindet. Sofort weggießen! Ein »nasser Fuß« ist Gift für Sabalpalmen!

Bizarr und erst richtig schön im Alter wird die Sabalpalme (*Sabal minor*).

Hanfpalme
Trachycarpus fortunei

Es gibt kaum eine Palme, die so widerstandsfähig ist wie die Hanfpalme. Sie ist in Asien zu Hause und dort sogar in den hohen Lagen des Himalaja zu finden. Auch in den Mittelmeerländern wird sie ausgepflanzt und übersteht den Winter ohne Probleme. Im Kübel kann man sie noch bei –5° C draußen lassen.

Die Hanfpalme ist eine stabile Fächerpalme mit knorrigem Stamm und etwas starren Blättern. Sie ist die ideale Palme für den Vorgarten, den Sitzplatz im Freien oder die Terrasse. Im Zimmer neigt sie zum Läusebefall.

Dennoch sollte man sie, bevor man sie ins Freie stellt, auch an die Sonne gewöhnen. Im Winter bevorzugt die Hanfpalme einen kühlen und trockenen Standort, es reicht ein gerade frostfreier Überwinterungsplatz.

Von Mai bis August sollte die Pflanze jede Woche eine Düngerlösung mit Flüssigdünger mit Guano erhalten. Auch darf man in den Sommermonaten das Gießen nicht vergessen.

Die Hanfpalme (*Trachycarpus fortunei*) ist sehr widerstandsfähig und sollte im Sommer unbedingt im Freien stehen.

Günstig ist, wenn die Hanfpalme in einem lehmhaltigen Substrat steht. Beim Kauf erinnert die Erde meist an reinen Torf, man sollte diesem Substrat – ohne die Wurzeln zu beschädigen, etwas Lehm beifügen.

Ich topfe diese Palme höchstens alle 5 Jahre um, weil sie langsam wächst und es ihr auch nicht bekommt, wenn sie in ihrem Wachstum gestört wird. Aber jedes Frühjahr lockere ich die oberste Bodenschicht und gebe frische lehmhaltige Erde dazu.

Wallichiapalme
Wallichia densiflora

Diese Fiederpalme aus dem subtropischen Himalaja und aus Indien wächst buschig. Sie besitzt nur einen kleinen rohrartigen Stamm, kommt aber auch stammlos vor. Es gibt 9 Arten, allerdings ist nur die eine hier beschriebene als Zimmerpalme interessant. Die Wedel tragen flossenähnliche Fieder, die schön dunkelgrün sind. Die Blattunterseiten sind weißlich angehaucht.
Die Wallichiapalme stellt als Topfpflanze keine großen Ansprüche, so daß sie gut im Zimmer gehalten werden kann. Sie wächst rasch, wenn sie im Halbschatten steht und die Temperatur nicht unter 12° C absinkt.
Den Artnamen bekam sie wegen ihrer dichten kleinen Blüten, denn *densisflorus* heißt dichtblütig.
Die Palme erinnert an einen großen buschigen Farn. Deshalb stellt sie auch einen besonderen Blickfang in einer Palmensammlung dar. Da sie stets ein nährstoffreiches Substrat verlangt, ist es günstig, wenn man der Erde etwas Lehm beimischt. Auch sollte man die *Wallichia* über Sommer ruhig alle 14 Tage mit einem guanohaltigen Flüssigdünger düngen.

Die Wallichiapalme braucht – wie übrigens die meisten Palmen, nicht jedes Jahr umgetopft zu werden. Ich topfe sie nur alle 4 Jahre um. Lediglich die oberste Bodenschicht wechsele ich jährlich aus.

Die Palme ähnelt in ihrem Wuchs einem großen buschigen Farn. Ihre Wedel können bis über 3 Meter lang werden. Die Fiedern sind unterseits bereift.

Die Priesterpalme (*Washingtonia filifera*) übersteht einen radikalen Rückschnitt ohne Probleme, sie treibt rasch wieder durch.

Priesterpalme
Washingtonia

Die Priesterpalme ist eine herrliche schnellwüchsige Fächerpalme von hellem Grün. In Arizona, Mexiko und Kalifornien ist sie heimisch. Benannt wurde sie zu Ehren George Washingtons (1732–1799), des ersten Präsidenten der USA. Früher wurde sie der Gattung *Pritchardia* zugeordnet. Erst 1879 führte der Palmenspezialist Hermann Wendland (1825–1903) die *Washingtonia* als eigenständige Gattung mit zwei Arten ein. Der Volksmund taufte sie Priesterpalme.
Sie hat außerordentlich breite Fächer, die am Stamm etwas herunterhängen. Die zierenden Randfasern entstehen bei der Entfaltung der Blätter. In ihrer Heimat wird diese Palme etwa 20 m hoch. Wegen ihrer außerordentlichen Attraktivität ist die Washingtonia auch in Parks und Gärten der Mittelmeerländer zu finden. Im Zimmer ist es der Palme mitunter nicht luftig genug, auch benötigt sie hohe Luftfeuchtigkeit. Man kann sie im Sommer getrost ins Freie stellen, sollte aber einen schattigen Platz wählen. Die Priesterpalme benötigt viel Feuchtigkeit und alle zwei Wochen eine Düngergabe.

Sollten einmal die Blätter gelb werden, so kann man die Palme getrost radikal zurückschneiden, ohne das »Herz« zu verletzen. Sie treibt in wenigen Wochen wieder durch. Dann sollte man aber die Fehler in der Pflege nicht wiederholen!

Washingtonia filifera
Diese Art hat besonders lang herabhängende Fasern an den Fächern. Die Blattstiele sind am Rande bedornt. Sie ist recht häufig im Angebot.

Washingtonia robusta
Aus Mexiko kommt diese kompakte Palme, die dort 25 m hoch werden kann. Fäden an den Blättern gibt es nur bei sehr jungen Pflanzen. Sie wächst rascher als die *Washingtonia filifera.*

Als Parkbaum ist dieses ältere Exemplar der Priesterpalme (*Washingtonia robusta*) in Mittelamerika sehr attraktiv.

Palmen auf einen Blick

Schattenpalmen

Unter Schattenpalmen verstehen wir jene, die mit wenig Tageslicht (500–1000 Lux) auskommen. Sie gedeihen an Nordfenstern, im Zimmerinneren und Korridoren mit wenig Licht gut.

Kentiapalme *(Howeia)*
Bergpalme *(Chamaedorea)*
Steckenpalme *(Rhapis)*

Halbschattenpalmen

Dies sind die meisten Palmen, sie mögen einen hellen, aber nicht sonnigen Platz und vertragen auch kurzzeitig vollkommenen Schatten. Ihr Lichtbedarf liegt bei 1000–2000 Lux.

Betelpalme *(Areca)*
Butiapalme *(Butia)*
Zierliche Dattelpalme *(Phoenix roebelenii)*
Euterpepalme *(Euterpe)*
Fischschwanzpalme *(Caryota)*
Flaschenpalme *(Mascarena)* – als Jungpflanze
Goldfruchtpalme *(Chrysalidocarpus)*
Honigpalme *(Jubaea)*
Kokospalme *(Cocos)*
Kokospälmchen *(Microcoelum)*
Lataniapalme *(Latania)*
Neodypsispalme *(Neodypsis)*
Nikanpalme *(Rhopalostylis)*
Sabalpalme *(Sabal)*
Schirmpalme *(Livistona)*
Strahlenpalme *(Licuala)*
Wallichiapalme *(Wallichia)*
Ölpalme *(Elaeis)*
Talipotpalme *(Corypha)*

Sonnenpalmen

Darunter versteht man Palmen, die einen sehr hellen Platz benötigen und auch volle Sonne vertragen. Sie können über Sommer im Freien stehen. Ihr Lichtbedarf liegt bei 2000–3000 Lux.

Dattelpalme *(Phoenix)*
Erdpalme *(Geonoma)*
Erytheapalme *(Erythea)*
Flaschenpalme *(Mascarena)* – als älteres Exemplar
Hanfpalme *(Trachycarpus)*
Herrscherpalme *(Archontophoenix)*
Kokospalme *(Cocos)* – als älteres Exemplar
Königspalme *(Roystonea)*
Priesterpalme *(Washingtonia)*
Zwergpalme *(Chamaerops)*

Palmen, die keine sind

Palmfarn
Cycas revoluta

Als Palmfarn mit einer eigenen Familie *(Cycadaceae)* bezeichnete Carl von Linné (1707–1778) diese reizvolle und interessante Pflanze aus Südostasien und Japan. Man kennt heute fünf Arten. Die bekannteste und auch im Pflanzenhandel gebräuchlichste Art ist *Cycas revoluta.*
Die Geschichte der Palmenfarngewächse *(Cycadaceae)* reicht 200 Millionen Jahre zurück. Schon im Mesozoikum gab es Palmenfarne. Und noch heute streiten sich die Botaniker darüber, ob die *Cycas* eine Palme oder ein Farn sei. Im Aussehen ähnelt sie sicher beiden. Als Zimmerpflanze erlebt die *Cycas* gerade jetzt ein Comeback, denn bereits vor 100 Jahren schätzte man ihr überaus attraktives Äußeres bei der Gestaltung temperierter Wintergärten. Wenngleich größere Exemplare von *Cycas revoluta* recht kostspielig sind, so lohnt sich diese Anschaffung auf jeden Fall. Denn hier paart sich Dekorativität mit Robustheit, wie bei kaum einer anderen Pflanze. Die langen dunkelgrünen Wedel mit sehr gleichmäßig gegenüberstehenden Fiedern bilden um den anfangs an eine Ananas erinnernden, knollenähnlichen Stamm einen Kranz. Im sanften Schwung beugen sich die sehr gleichmäßigen Fieder nach außen. Nur alle 1–2 Jahre bildet sich ein neuer Kranz, wobei abwechselnd Laubblätter und Fruchtblätter (an der eingerollten Spitze erkennbar) entstehen. Die Blätter schützen sich vor zu starker Verdunstung durch eine Wachsschicht. Aus diesem Grunde verträgt die *Cycas* zimmertrokkene Luft sehr gut. Auch in der Sonne gedeiht sie ohne Probleme, jedoch behagt ihr ein halbschattiger Platz mehr. Im Winter kann die *Cycas* kühler (um 15° C) stehen, darf dann allerdings nur wenig gegossen werden. Im Sommer braucht sie regelmäßige Wassergaben, nur

Der Palmfarn hat gleichmäßig gefiederte Wedel, eine Wachsschicht schützt die Blätter vor zu starker Verdunstung (*Cycas revoluta*).

In der Wedelmitte erscheinen die Blüten des Palmfarns (*Cycas revoluta*), zur gleichen Familie gehört Zamia (*Zamia pumila*).

stauende Nässe verträgt sie nicht. Auch macht es ihr gar nichts aus, wenn man sie einige Tage nicht gießt. Alle zwei Wochen wird in den Sommermonaten gedüngt. Sie steht auch gut im Freien, sollte allerdings nicht in praller Mittagssonne plaziert werden.

Alle vier Jahre topfe ich meine *Cycas* um und füge der normalen Blumenerde eine Handvoll Sand und eine Handvoll abgelagerten Stallmist hinzu. Das bekommt ihr sehr gut und sie gedeiht prächtig.

Zamia
Zamia pumila

Diese kleinbleibende, interessante und zugleich recht seltene Pflanze ist mit der *Cycas* verwandt. Im Südosten Floridas, in Westindien und in Mexiko kann man sie finden.
Oftmals wird die Art *Zamia pumila* als *Zamia furfuracea* gehandelt. Es gibt 12 Arten, wobei nur diese eine Art handelsüblich ist. Alle anderen zählen schon zu den Raritäten.
Die *Zamia* ist ebenso interessant wie die *Cycas*, besitzt auch eine Stammknolle, hat aber andere Blätter. Ihre kräftigen sattgrünen Wedel besitzen große Fiedern, die wie Löffel abgerundet sind. Wie bei der *Cycas* haben auch Zamien eine Wachsschicht, die zudem behaart ist. Die Pflanze sollte eher zu wenig als zu viel gegossen werden. Im Zimmer behagt ihr ein heller und luftiger Platz, obwohl sie im Schatten auch gedeiht.
Im Winter sollte sie allerdings etwas kühler stehen und wird dann natürlich auch weniger gegossen. Bei zu trockener Luft und zu viel Wärme im Winter stellen sich leicht Spinnmilben ein, deshalb sollte man die *Zumia* ruhig öfters absprühen. Im Sommer wird sie alle 3–4 Wochen mit einem Flüssigdünger gedüngt. Als Substrat verwendet man leichte sandhaltige Erde. Über Sommer kann sie durchaus im Freien stehen, wenn der Platz nicht zu sonnig ist. Allerdings sollte man bei Dauerregen dafür sorgen, daß das Wasser gut ablaufen kann, sonst kommt es zu Fäulnis im Wurzelbereich.

Das Substrat, die Töpfe, das Umtopfen

Bei den Palmen im Topf dürfen wir niemals vergessen, daß wir ihnen nicht in gleichem Maße wie in der freien Natur alle Lebensbedingungen in der günstigsten Form bieten können. Im Freien sickert das überschüssige Regenwasser meist ungehindert in die Tiefen und verteilt sich, so daß es selten zur Vernässung der Erde kommt. Stauende Nässe wirkt schädlich, weil die Wurzeln keine Luft mehr bekommen und »ersticken«, das heißt faulen. Sie signalisieren es uns durch einen typisch muffigen Geruch, wenn wir die Palme einmal austopfen.
Die Erde im Blumentopf hat mehrere Aufgaben zu erfüllen, sie muß den Palmen Standfestigkeit geben und außerdem ausreichend Luft enthalten sowie Wasser und Nährstoffe speichern.
Welches Substrat bevorzugen nun Palmen? Auch das ist unterschiedlich. Aber sie stellen hier keine allzu spezifischen Ansprüche. In der Regel ist ihnen eine zu leichte Erde lieber als eine zu schwere. Das hat sicherlich seine Ursache darin, daß Palmen – bis auf wenige Ausnahmen – gegenüber stauender Nässe sehr empfindlich sind. Palmen entwickeln sich am besten in der im Fachhandel angebotenen Palmenerde. Hier sollte man aber nur auf jene Produkte zurückgreifen, die im seriösen Gartenfachhandel angeboten werden. Sie

Keramiktöpfe sind für große Palmen ideal, weil sie standfester sind als Plastiktöpfe.

sind zwar teurer als die Billigerden, unterliegen aber einer ständigen Kontrolle durch Gärtner und entsprechen den tatsächlichen Ansprüchen von Palmen.

Der bekannte Palmenspezialist Hermann Wendland (1825–1903), der von 1869 an Direktor der Königlichen Gärten von Herrenhausen war und eine Vielzahl von Palmen heranzog und pflegte, ließ für seine Schützlinge einen »urkräftigen« Boden mischen: Dieses Substrat bestand zur Hälfte aus einer Mischung von Laub-, Heide-, Rasenerde und Sand. Die andere Hälfte war trockener Kuhmist.

Für junge Palmen empfehle ich, etwas mehr Sand zu verwenden. Statt Kuhmist tut es eine gute Komposterde auch. Ein Hinweis sollte als Faustregel gelten: Je kräftiger die Blätter sind (Zwergpalme, Steckenpalme, Hanfpalme), desto kräftiger kann auch das Substrat sein. Handelt es sich um feinblättrige »echte« Zimmerpalmen, so sollte man auch feinere Erde wählen, die nicht so viel Lehm enthält (Bergpalme, Fischschwanzpalme, Goldfruchtpalme).

Welches Material auch die Töpfe und Gefäße haben, in denen die Palmen stehen, stets müssen sie zwei Bedingungen erfüllen: gute Wasserführung und ausreichend große Abzugslöcher und

Schöne Terracotta-Töpfe sind für jene Palmen, die auch im Freien stehen können, gerade das Richtige.

die Form und Größe muß dem Alter und der Art der Palme angepaßt sein. Generell verwende ich für jene Palmen, die auch im Sommer im Freien stehen, Töpfe oder Kübel aus Ton, Keramik, Steingut oder Holz. Plastiktöpfe wirft der Wind beim ersten Luftzug um. Im Zimmer nehmen meine Palmen auch mit Plastik vorlieb, da sie dann noch einen Übertopf erhalten. Ich achte aber darauf, daß zwischen Pflanztopf und Übertopf etwa 2 cm Luftraum bleibt.

Der typische »Palmentopf« ist wegen der langen Pfahlwurzel einiger Gattungen schmal und hoch. Alle flachwurzelnden Palmen erhalten Töpfe der gewöhnlichen Form, die zumeist oben annähernd so breit wie hoch sind. Adventivsprossebildende Palmen sollten von vornherein einen breiten Topf bekommen.

Um den richtigen Zeitpunkt für das Umtopfen zu erkennen, bedarf es ein wenig Erfahrung. Die Palme braucht erst dann einen größeren Topf, wenn die Wurzeln den Topf »zu sprengen« drohen. Man wählt dann auch nur einen Topf, der wenig größer als der alte ist.

Das Frühjahr bis in den Sommer hinein ist die beste Zeit fürs Umtopfen, weil die Palmen dann genügend Zeit haben, sich im warmen Sommer von diesem Eingriff zu erholen. Jüngere Palmen, die man selbst ausgesät hat, sollten alle 2 Jahre, ältere alle 3–4 Jahre umgetopft werden; ich wechsele dort nur alljährlich die oberste Erdschicht aus.

Beim Umtopfen der Palmen ist Vorsicht geboten, denn sie mögen es gar nicht, wenn man ihre Wurzeln zerdrückt oder quetscht. Beim neuen Topf unbedingt eine Schicht von vielen Tonscherben oder kleinen Steinen auf den Topfboden legen, ehe das Substrat darauf kommt, das gewährleistet eine bessere Wasserführung.

Dann wird eine etwa 3 cm hohe Schicht frischer Erde eingefüllt. Nun kann die Palme folgendermaßen ausgetopft werden: Kleine Palmen stützt man dabei mit der Hand und löst sie vorsichtig aus dem alten Topf heraus, indem man ihn an der Tischkante etwas aufstößt. Die alte Erde wird leicht abgeklopft, und abgestorbene, braune und muffig riechende Wurzelteile entfernt. Auf keinen Fall einen generellen Wurzelschnitt vornehmen, denn das führt unweigerlich zu starken Wachstumsstörungen.

Die Palme wird in die Mitte des neuen Gefäßes gesetzt und ringsherum frische Erde eingefüllt – bis etwa 2 cm unter den Topfrand. Der Wurzelansatz sollte sich gerade noch im Substrat befinden, die Erde nun recht fest andrücken. Nach dem Umtopfen wird die Palme gut angegossen und an einer vor Zugluft und praller Sonne geschützten Standort aufgestellt.
Ich lasse auch ausgesprochene Freilandpalmen, wie beispielsweise die Zwergpalme, nach dem Umtopfen etwa zwei Wochen im geschützten Raum. Denn das Verpflanzen ist für jede Palme eine Wachstumsstörung, und man sollte es ihr daher so leicht wie möglich machen, sich davon zu erholen. Häufiger als sonst dusche ich sie ab und besprühe sie. Dadurch verdunstet die Pflanze weniger Wasser und die Wurzeln bilden sich rascher.
Noch einmal: Bei Palmen muß der Topf verhältnismäßig klein bleiben! Bei einem zu riesigen Topf kommt es leichter zu Wurzelerkrankungen. Die Wurzeln dringen nicht so schnell in die ihnen plötzlich zur Verfügung stehende Erdmasse ein.
Das Substrat wird daher nur sehr langsam und ungleichmäßig trocken, es bleibt zudem kalt.

Tonscherben und gute Erde sind für das Umtopfen der Palmen wichtig. Die Hauptwurzeln befinden sich am Topfboden, der neue Topf darf nur wenig größer sein als der alte.

Palmen mit dornigen Stielen wickele ich in eine alte Decke, bevor ich diese umtopfe. Jüngere Palmen der Gattungen Betelpalme, Bergpalme, Goldfruchtpalme und Kentiapalme sehen als Tuff zu dritt oder fünft besonders dekorativ aus. Sie wachsen auch in Gemeinschaft gut.

Palmen selbst vermehren

Aussaat

Die meisten Palmen werden durch Aussaat vermehrt. Dazu braucht man aber viel Geduld, denn Palmensamen braucht oft mehrere Monate, bis sich ein erster Keimling zeigt! Und all diese Monate darf das Substrat nicht austrocknen, aber auch nicht triefend naß sein und muß bei einer Bodenwärme von ca. 25–30° C stehen. Und noch eine Besonderheit hat Palmensamen: Er verliert zumeist kurz nach der Ernte seine Keimfähigkeit. Da in unseren Breiten kaum mit Frucht- und Samenansatz an Palmen zu rechnen ist, wird er eingeführt. Früher führte man Palmensamen in einer geleeartigen Masse oder in feuchter Holzkohlenmasse, an die noch Luft gelangte, ein. Denn der Samen darf weder austrocknen noch luftdicht verschlossen sein. Heute, im Zeitalter der Luftfahrt, findet man andere Wege. Allerdings sollte man Palmensamen nur im seriösen Fachhandel kaufen. Am besten sind Spezialbetriebe für exotische Sämereien. So verfügen über Erfahrungen und haben auch ständigen Absatz, so daß dort kein überlagertes Saatgut gehandelt wird.
Bevor es ans Aussäen geht, sollte man die meist sehr hartschaligen Nüsse einige Tage durch Quellen in warmem Wasser aufweichen. Danach kommen die Samenkörner in feuchte, sehr leichte Erde und werden etwa doppelt so hoch bedeckt, wie das Samenkorn stark ist. Diese Regel trifft für nahezu alle Palmengattungen zu, nur nicht für die Kokospalme *(Cocos)*. Die Samenkörner dürfen in der Aussaatschale nicht beengt liegen. Ich verwende lieber ganz kleine Töpfchen von Kakteen, damit ich beim späteren Umpflanzen schon einen Ballen habe. In der Schale wachsen die Wurzeln der Sämlinge oft ineinander, und ich habe Schwierigkeiten beim Pikieren. Die kleinen Töpfe allerdings stelle ich in eine Schale (Fotoschale oder ähnliches), in der eine Schicht Sand, Sägemehl oder andere leichte, keimfreie Substrate sind, die stets feucht gehalten werden. Die Sämlinge müssen stets warm und feucht stehen. Sind sie einmal ausgetrocknet, hat sich die Mühe nicht gelohnt, der Samen keimt dann zumeist nicht mehr. Die Aussaatgefäße decke ich mit einer Glasscheibe oder einer Folientüte ab, um eine maximale Luftfeuchtigkeit zu erhalten. Allerdings lüfte ich von Zeit zu Zeit, um Pilzbefall zu vermeiden.

Sobald sich nach Monaten das anfangs grasähnliche Keimblatt zeigt, kann man den Sämling vorsichtig mit dem Samenkorn(!) aus der Aussaatschale herausnehmen und in einen kleinen Topf pflanzen. Dieser Vorgang entfällt, wenn man gleich in Töpfe ausgesät hat. Die Jungpflanze darf auf gar keinen Fall vom Samen getrennt werden, weil dessen Nährgewebe ihr noch lange als Nährstoffdepot dient.

Ganz so üppig, wie hier die Kokospalmen *(Cocos nucifera)* sind, werden die Palmensamen im Zimmer nicht keimen, aber ein Versuch lohnt sich.

Pikiert wird so sorgfältig, daß keinerlei Wurzelstückchen abfallen. Die Erde muß etwas nahrhafter sein als die Aussaaterde. In die geglättete Erde wird mit einem Stöckchen oder mit dem Finger ein Loch gedrückt, und zwar so tief, daß die Wurzeln genügend Platz haben, ohne krumm zu liegen. Das Pälmchen wird hineingestellt und die Erde wird mit den Fingern ringsherum vorsichtig angedrückt. Mit einer darübergestülpten Folientüte oder einem Glas schafft man ein Mikroklima und erleichtert das Wachstum.

Schön ist es, wenn man eine Kokosnuß zum Keimen bringt. Sie behält sehr lange ihre Keimfähigkeit und man kann getrost die Nüsse aus dem Gemüsehandel verwenden. Die Nuß wird zu zwei Drittel in leichte, feuchte Erde quer gelegt. Bis 6 Monate kann es dauern, bis sie keimt. In dieser Zeit muß sie warm und feucht sein.

Das Samenkorn muß allein abfallen, es liefert der Dattelpalme *(Phoenix canariensis)* auch nach dem Auflaufen lange Zeit wichtige Nährstoffe.

Einen Dattelkern feilt man zuvor an der Samenspitze etwas an, auch lege ich die Kerne eine Nacht in warme Milch, um sie vorzuquellen. Dattelkerne keimen sicher und für Palmen recht rasch.

Als Aussaaterde nehme ich stets die Erde eines Maulwurfhügels aus dem Garten oder von der Wiese. Sie ist zwar arm an Nährstoffen, sie ist aber ebenso arm an schädlichen Bodenlebewesen und unvergleichlich feinkrümelig.

Teilen

Manche Palmen, zum Beispiel einige Bergpalmenarten, wie *Chamaedorea ernesti-augusti* und *Chamaedorea geonomiformis*, aber auch die Erdpalme *(Geonoma)*, Fischschwanzpalme *(Caryota)*, Goldfruchtpalme *(Chrysalidocarpus)*, Steckenpalme *(Rhapis)* und Wallichiapalme *(Wallichia)* sowie die Zwergpalme *(Chamaerops)*, lassen sich auch durch abgetrennte Adventivsprosse oder durch Abtrennen von Ausläufern vermehren. Es sind zumeist buschig wachsende Pflanzen, deren junge Seitensprosse, die Adventivsprosse, man für die Vermehrung genutzt werden können. Man braucht dazu folgendes: Ein sehr scharfes Messer, etwas Holzkohlenpulver und einen sauberen Arbeitstisch. Mit dem Messer werden die Sprosse, die neben dem Hauptsproß aus dem Boden kommen, unterirdisch seitlich angeschnitten. Dadurch bilden sich an der Schnittstelle Wurzeln. Die Mutterpflanze wird mit Holzkohlepulver an der Schnittstelle eingerieben, um Fäulnis zu vermeiden. Sobald die jungen Sprosse genügend Wurzeln gebildet haben, kann man sie endgültig vom Hauptsproß abtrennen (wieder Holzkohle verwenden) und in leichte, feine Erde eintopfen. Die jungen Pflanzen müssen warm, zugluftsicher und feucht gehalten werden. Pralle Sonne schadet ihnen. Vielerorts werden die jungen Sprosse noch vor dem Bewurzeln völlig abgetrennt und zum Bewurzeln eingetopft. Ich habe die Erfahrung gemacht, daß es auf jeden Fall sicherer ist, die Sprosse noch an der Mutterpflanze zu belassen, sie zehren von deren Kräften und bewurzeln auf jeden Fall rascher. Alle so vermehrten Jungpflanzen benötigen besondere Sorgfalt bei der Pflege. Sie möchten bei hoher Luftfeuchtigkeit warm stehen, auch wenn die »erwachsenen« Pflanzen dies eigentlich nicht benötigen. Wer aber meint, daß man aus dem Schopf der einen oder anderen Palme einen Kopfsteckling gewinnen kann, dem sei gesagt daß diese Methode nicht zum Ziel führt!

Alle meine jungen, durch Teilen der Ausläufer und Seitensprosse gewonnenen Palmen bekommen in den ersten 6 Wochen eine Folientüte übergestülpt. Auf diese Weise sind sie wie in einem Minigewächshaus vor Zugluft und trockener Zimmerluft sicher.

Einige Bergpalmenarten (*Chamaedorea*) lassen sich durch vorsichtiges Teilen des Wurzelballens und der Triebe vermehren.

Beim Abmoosen der Bergpalme (*Chamaedorea*) nur saubere Messer verwenden. Danach die Schnittstelle gleichmäßig feucht halten.

Abmoosen

Was beim Gummibaum zumeist sehr leicht gelingt, kann man auch bei einigen Palmengattungen versuchen. Besonders die Bergpalme *(Chamaedorea)* kann auf diese Weise verjüngt werden.
Die Pflanze sollte kräftig sein und einen dicken Stamm sowie eine dichte Wedelkrone besitzen. Denn nur so kann sie den Einschnitt erfolgreich überstehen. Unmittelbar unter der Wedelkrone wird mit einem scharfen Messer erst waagerecht und dann mit vorsichtiger Drehung nach oben ein Schnitt in die Mitte des Stammes geführt. Die Schnittfläche ist durch ein schmales Holzstäbchen oder durch ein Steinchen zu spreizen und auf diese Weise offenzuhalten.
Nun umgeben wir diese Schnittfläche ringsherum mit einem sattfeuchten Moosballen. Das Moos wird fest angedrückt; damit es die Feuchtigkeit lange hält, umwickeln wir es mit Bast und Folie. Unten und oben wird die Packung am Stamm zusammengebunden. Die Palme in den nächsten Wochen wie gewohnt weiterpflegen, nur sollten wir sie auf gar keinen Fall vernachlässigen, weil sonst unser Experiment scheitert.
Wir stellen die Palme wärmer als sonst und geben ihr auch mehr Feuchtigkeit. Wenn die Moospackung trocken wird, muß von oben durch die Folie und die Verschnürung etwas lauwarmes Wasser nachgegossen werden. Nach einiger Zeit, meist nach 2–3 Monaten, bilden sich an der Schnittstelle Wurzeln, die allmählich durch den Moosballen wachsen. Jetzt kann man die Spitze abschneiden, die Schnittstellen mit Holzkohlepulver einstäuben und die Spitze in feuchte warme Erde separat eintopfen. Die »alte« Palme bekommt, damit sie besser austreibt, eine Folientüte darübergestülpt.
Die junge Palme sollte nun hell, aber nicht sonnig, warm und feucht gehalten werden. Auch das Düngen darf alle 14 Tage nicht vergessen werden.
Abmoosen sollte man zu Beginn der Hauptwachstumszeit, also etwa im April oder Mai.

Die frisch bewurzelte Pflanze darf nur eine schwache Düngerlösung – aber regelmäßig – bekommen, weil sich die Wurzeln erst an das Erdreich gewöhnen und es durchwurzeln müssen. Das tun sie, wenn sie zur Nahrungssuche »gezwungen« werden, indem man nur schwach düngt.

Zimmerbäume von A–Z

Immer mehr setzt es sich durch, einen Raum mit wenigen Großpflanzen zu gestalten. Sie vertreiben die sonst reichlich vorhandenen kleinen Töpfe auf dem Fensterbrett und auf der Blumenbank. Zum einen entsprechen diese »Riesen« dem gegenwärtigen Modetrend, der auch in der Pflanzenliebhaberei existiert, und zum anderen sind es einfach praktische Erwägungen: Denn ein Zimmerbaum erfordert zumeist weit weniger Pflege als viele kleine Töpfe, die leichter austrocknen, deren Blüten entfernt werden müssen und die auch häufiger gedüngt werden müssen. Überhaupt ist ein Zimmerbaum widerstandsfähiger als andere kleinere Pflanzen, weil er nichts anderes als ein älteres und ausgereifteres Exemplar der »Fenstertöpfe« ist. Nun haben sich aber nur einige Gattungen als Zimmerbäume durchgesetzt, weil sie durch ihre füllige Krone, ihre riesigen Blätter oder ihren eindrucksvollen Stamm auf sich aufmerksam machen.
Eine Pflanze ist nicht einfach ein Einrichtungsgegenstand, der beliebig austauschbar wäre, sondern sie »wohnt mit«, ja, tatsächlich ist sie ein lebendiger Mitbewohner. Ein Zimmerbaum reicht oftmals bis zur Decke oder füllt fast eine ganze Wand bzw. Ecke im Zimmer aus. Deshalb sollten wir Zimmerbäume sparsam einsetzen, es reichen 1–2 große und prächtige Exemplare in einem Raum, die in einem dekorativen Topf oder Übertopf von größerer Wirkung sind, als viele kleine Gruppen. Mein Plädoyer für Zimmerbäume richtet sich nicht gänzlich gegen die Fenstertöpfe. Auch ich kann ohne die Saisonblüher nicht sein. Aber sie dominieren nicht. Wer sich für einen Zimmerbaum entscheidet, der ja auch kostspielig ist, sollte auf jeden Fall auf ein urwaldähnliches Sammelsurium von Pflanzen verzichten, damit der Zimmerbaum frei stehen und sich gut entwickeln kann.
Ein bißchen Literaturstudium im voraus, ein bißchen Mühe bei der Pflege, das ist alles, und wie überreichlich werden wir belohnt! Uns zur Freude und Entspannung setzt ein üppiges Wachstum ein. Es ist eine besonders dankbare Aufgabe für jene, die mit Sorgfalt bei ihren Pflanzen zu Werke gehen, sich selbst eine Zimmerpflanze bis in die stattliche Höhe eines Zimmerbaumes heranzuziehen. Doch der Weg bis dahin ist weit und arbeitsintensiv. Viele Winter müssen überstanden werden, viele Male muß umgetopft werden.
Eine gesunde und prächtige »Allerweltspflanze« ist auf jeden Fall eine bessere Empfehlung als eine exotische »Seltenheit«, die nur kümmerlich wächst.

Blättern Sie in den nachfolgenden Seiten, und Sie werden sich für die richtige Pflanze entscheiden, als Alternative oder als Ergänzung zu Palmen und anderen Pflanzen.

Zimmerahorn
Abutilon-Hybriden

Dieses Malvengewächs aus tropischen und subtropischen Gebieten Mittel- und Südamerikas wird auch Schönmalve genannt. Es gibt unzählige Arten und Sorten. Die Blätter können hellgrün durchscheinend wie bei der Zimmerlinde sein, oder sie sind gesprenkelt und gelbgefleckt. Die Blüten sind glockenförmig in den Tönen Rosa, Rot, Weiß, Gelb oder Rost, sogar zweifarbige Blüten gibt es. *Abutilon* ist eine reizende Zimmerpflanze, die man ohne große Mühe in wenigen Jahren zum Zimmerbaum ziehen kann. Bei guter Pflege wird die Pflanze über 1 m hoch. Der Zimmerahorn benötigt im Sommer und im Winter einen halbschattigen, vor der grellen Mittagssonne geschützten Platz. Der Wurzelballen sollte immer gleichmäßig feucht gehalten werden. Der Zimmerahorn blüht den ganzen Sommer über. Auch wenn man ihn häufig stutzt, um ihn zum Verzweigen anzuregen, hört er nicht mit

Die Vielfalt der Zimmerbäume aus der Gattung *Ficus* ist fast unübertroffen.

Der Zimmerahorn (*Abutilon*-Hybriden) wächst sehr schnell und läßt sich durch häufiges Stutzen »in Form bringen« – er blüht trotzdem reichlich. Seine Farbenpalette beim Blatt und besonders bei den Blüten ist sehr groß.

dem Blühen auf. Im Herbst benötigt der Zimmerahorn eine Ruhepause. Er wird kühler gestellt und weniger gegossen. Wird *Abutilon* einmal trocken, so bekommt er gelbe Blätter. Dann den gesamten Topfballen tauchen und die Pflanze neu austreiben lassen. Überhaupt neigt *Abutilon* auch bei Temperaturschwankungen oder Zugluft zu leichtem Blattfall, treibt aber sofort neue Blätter. *Abutilon* ist starkwüchsig und läßt sich sehr einfach durch Triebstecklinge vermehren, die man im Glas mit Wasser oder in feuchter Erde bewurzeln läßt.

Ich habe meinen Zimmerahorn an einem Gestell aus dicken Bambusstäben hochgezogen, er wirkt wie eine dichte, blühende Wand.

Alocasia
Alocasia sanderiana

Von den Philippinen, exakt von der Insel Mindanao kommt diese wunderschöne Blattpflanze, die zwar schon als junges Exemplar im Handel angeboten wird, aber bei guter Pflege durchaus die Größe eines Urwaldriesen erreichen kann. *Alocasia* gibt es in vielen Arten, von denen die meisten 2 m hoch werden, die Art *Alocasia macrorrhiza* erreicht sogar 8 m.
Diese schöne Pflanze wird wohl immer zu den Seltenheiten in einer Wohnung gehören, da sie außerordentlich hohe Ansprüche an die Luftfeuchtigkeit und Temperatur stellt. Aber wer über einen beheizten und schattierbaren Wintergarten bzw. ein geschlossenes Blumenfenster oder eine Vitrine verfügt, braucht auf diese Pracht nicht zu verzichten. Denn selbst im Winter darf die Temperatur nicht über längere Zeit unter 18° C absinken.
Alocasia hat unterirdische knollenähnliche Rhizome, aus denen die langgestielten riesigen Blätter hervorkommen. Die ovalen bis pfeilförmigen Blätter sind grün oder metallisch gefärbt und haben meist eine ausgeprägt weiße Nervatur, was ihren besonderen Reiz ausmacht. Die Blattunterseite ist violett angehaucht und die Blätter sind glatt oder gebuchtet. Die Art *Alocasia sanderiana* ist auch am weitesten als Zimmerpflanze verbreitet. *Alocasia* verlangt einen halbschattigen Platz im Zimmer, auch im Schatten gedeiht sie gut. Sie ist also die ideale Pflanze für das Zimmerinnere, wenn man ihr ausreichend Luftfeuchtigkeit durch die Nähe eines Zimmerspringbrunnens, durch häufiges Besprühen oder Abbrausen bieten kann. Als Substrat bevorzugt sie eine lockere und nährstoffreiche Erde, um eine gute Wasserführung zu haben, denn stauende Nässe ist Gift. Im Winter, wenn sie um 18° C steht, nicht so reichlich gießen. Im Sommer sollte man sie alle zwei Wochen mit einem Volldünger düngen. Vermehrt wird die *Alocasia* durch Triebstecklinge oder durch Teilen der Rhizome.

Alocasia wirken sehr dekorativ, wenn man sie an einem Moosstab heranzieht. Alle neuen Triebe werden mit den Stielen rundherum festgebunden (mit Bast oder Plastband). Der Moosstab sollte stets feucht gehalten werden.

Viel Luftfeuchtigkeit und Wärme benötigt diese prachtvolle Zimmerpflanze (*Alocasia sanderiana*). Sie wächst unter guten Bedingungen sehr rasch.

Zimmertanne
Araucaria excelsa

Sie ist wohl – ähnlich wie die Zimmerlinde – der klassische Zimmerbaum schon seit Jahrhunderten. Die Zimmertanne kommt aus Südamerika, Australien und den Inseln des Stillen Ozeans zu uns. Dort wird sie über 60 m hoch. Wegen ihrer außerordentlich großen Attraktivität wird sie auch in wärmeren Regionen Südeuropas in Parks und Anlagen ausgepflanzt. Haben sie erst einmal ein gewisses Alter, überstehen sie auch leichte Fröste ohne Schaden.

Die Zimmertanne ist von sattem Grün und breitet ihre dicht benadelten Triebe fast waagerecht ringsherum aus. Sie benötigt im Zimmer einen rundherum hellen und sehr luftigen Platz. Steht sie in einer dunklen Zimmerecke, reckt sie sich zum Licht und wird schief. Im Zimmer sollte sie auch häufig besprüht werden. Sie liebt ein stets feuchtes Substrat, allerdings sollte man sich vor zu viel Nässe hüten, denn dann reagiert sie mit dem Verkahlen der Triebe! Im Winter kann sie recht kühl stehen, sollte dann aber noch weniger gegossen werden. Im Sommer stelle ich meine Zimmertanne einfach ins Freie, das bekommt ihr sehr gut. Jedes Jahr im Frühjahr bekommt sie ein neues Substrat in einem etwas größeren Topf – wegen der Standfestigkeit verwende ich ausschließlich Tontöpfe. Sie liebt kalkfreie Erde und als Dünger verwende ich von Mai bis August alle 3 Wochen einen Rhododendrondünger.

Zum Gießen lohnt es sich, Regenwasser oder abgekochtes Wasser zu verwenden. Auf kalkreiches oder hartes Wasser reagiert die Zimmertanne empfindlich.

Eine Zimmertanne (*Araucaria excelsa*) kann im Sommer an einem schattigen Platz im Freien stehen. In Nizza gibt es riesige Exemplare als Parkbäume.

Elefantenfuß
Beaucarnea recurvata

Es ist nicht zu übersehen, daß diese interessante Pflanze ihren Namen wegen des knollenförmig verdickten Stammes bekommen hat. Häufig wird sie auch noch unter dem Namen »Nolina« gehandelt.
In ihrer Heimat, in den Trockengebieten Mittelamerikas, können diese Gewächse Riesenbäume werden. In amerikanischen Städten werden sie sogar als Straßenbäume gepflanzt.
Über den oftmals auch krumm gewachsenen Stamm entwickelt sich ein Schopf grasähnlicher Blätter, die unregelmäßig herunterragen und sich im Alter in sich drehen können. Am schönsten ist es, wenn der Stamm aus seinen Augen noch kleine Ableger hervorbringt, die ihn dann ganz in einem dichten Grün verschwinden lassen können.
Bei guter Pflege entwickelt der Elefantenfuß sogar unter Zimmerbedingungen einen rispenähnlichen Blütenstand, der bei älteren Pflanzen alljährlich den ganzen Sommer über erscheint.
Im Zimmer braucht er einen recht sonnigen Platz und wird nur sparsam gegossen. Im Winter ist ein heller und kühler Standort angebracht. Bei seltenen Wassergaben reichen 10° C völlig aus. Dann ist gerade so viel zu gießen, daß die feinen Faserwurzeln nicht austrocknen. Sehr empfindlich ist diese Pflanze gegenüber stauender Nässe. Deshalb sollte man auch in der warmen Jahreszeit nicht zuviel gießen, weil der Elefantenfuß in seinem Stamm Feuchtigkeit speichert. Gegenüber trockener Zimmerluft ist er ebenfalls unempfindlich. Auch an das Substrat stellt er keine besonderen Ansprüche. Eine normale Blumenerde, der etwas Sand beigemischt wird, um die Wasserführung zu verbessern, ist völlig ausreichend.
Vermehrt wird er über Aussaat, diese Prozedur ist aber sehr langwierig. Besser ist, die Ableger abzunehmen und in feuchter Erde zu bewurzeln.

Der Elefantenfuß (*Beaucarnea recurvata*) ist eine ideale Dekorationspflanze.

Um einen »nassen Fuß« zu vermeiden, lege ich beim Umtopfen eine Schicht Kieselsteine und etwas Sand auf den Gefäßboden, ehe ich die Erde auffülle. So kann das Wasser gut durchsickern. *Beaucarnea* ist ein Flachwurzler, deshalb breite und flache Gefäße verwenden!

Mit herrlich gefärbten Hochblättern wartet die Bougainville (*Bougainvillea glabra* 'Alexandra') auf. Ein Platz im Freien bekommt ihr besonders gut.

Bougainville
Bougainvillea

Es gibt etwa 14 Arten, die alle aus den tropischen Regionen Mittel- und Südamerikas stammen. Dort wachsen sie als kleine Bäume oder Sträucher heran. Die Blüten fallen nur wenig auf, die Schauwirkung erreicht diese herrliche Pflanze mit ihren drei kräftig gefärbten Hochblättern. Heute gibt es in anderen tropischen Ländern, vor allem in Indien und auf den Philippinen Hunderte von Sorten in allen Farben von Weiß über Rosa, Gelb, Orange, Rot bis Lila und Violett, einfach oder gefüllt.
Bougainvillea benötigen einen hellen, bis vollsonnigen Platz. Es kann der Pflanze auch gar nicht warm genug sein. Im Winter sollte sie kühl und trocken stehen, um so besser kommt sie zum Blühen. Auch Laubabwurf ist kein Drama, sie treibt bei Wärme, Sonne und Feuchtigkeit sofort wieder aus. Im Sommer kann man diese Pflanze auch ins Freie stellen. Am besten gedeiht sie in kräftiger Einheitserde und sollte von Mai bis August alle 14 Tage zusätzlich eine Düngergabe mit phosphathaltigem Flüssigdünger bekommen, um die Ausfärbung der Hochblätter zu fördern.

Ein kräftiger Rückschnitt nach der Ruhezeit fördert das Austreiben und beeinträchtigt nicht die Blühfreudigkeit.

Bougainvillea glabra
Dies ist die gebräuchlichste Art, die im Handel schon als kleiner Topf prächtig blüht. Sie wird allerdings nicht so groß wie die andere Art, die man als Zimmerbaum heranziehen kann.

Bougainvillea spectabilis
Diese Art wird riesig, sollte aber im Winter nicht ganz so kühl stehen und etwas mit Wasser versorgt werden. Sie braucht auch unbedingt eine Stütze oder Kletterhilfe.

Kaffeebaum
Coffea arabica

Die 40 Arten dieser Gattung sind zumeist im tropischen Afrika zu Hause. Als Zimmerpflanze wird der Kaffeebaum etwa 2 m hoch. Er fasziniert durch seine dunkelgrünen, glänzenden, elliptisch geformten Blätter, die bei guter Pflege üppig erscheinen. In den Blattachseln entwickeln sich nach Jahren weite, duftende sternchenförmige Blüten.
In den Kaffeeanbaugebieten öffnen sich diese Blüten nach dem Einsetzen der Regenzeit und die ganzen Plantagen leuchten. Bei uns erscheinen die jasminartig duftenden Blüten im Sommer und bleiben bis in den Herbst hinein. Danach bilden sich die Früchte, die erst rot und später schwarz werden. Etwa drei Jahre alt muß ein Kaffeebaum sein, ehe er mit dem Blühen beginnt.
Der Kaffeebaum bevorzugt im Zimmer einen sehr hellen und luftigen Standort. Doch Vorsicht bei greller Mittagssonne an Südfenstern! Hier verbrennen die Blätter auf jeden Fall. Man sollte den Kaffeebaum also ruhig im Zimmerinneren plazieren. Das ganze Jahr über sollte er warm stehen. Sogar im Winter darf die Temperatur für längere Zeit nicht unter 12° C absinken.

Bekommen die Blätter braune Ränder, so ist das ein sicheres Zeichen dafür, daß die Pflanze zu trockener Luft ausgesetzt ist. Deshalb sollte man den Kaffeebaum öfters mit lauwarmem Wasser (am besten Regenwasser) besprühen. Gedüngt wird der Kaffeebaum im Sommer alle zehn Tage mit einem kalkfreien Dünger. Man kann Rhododendron- oder Azaleendünger verwenden. Als Substrat bevorzugt er eine kalkfreie, leicht saure und nährstoffreiche Erde.

Sät man Kaffee aus, so sollte man frischen Samen verwenden, weil er schnell seine Keimkraft verliert. Die Samen nicht mit Erde, sondern nur mit einem Stück Pappe bedecken.

Ich sammle für den Kaffeebaum, übrigens auch für Azaleen und Kamelien, Regenwasser, weil das Leitungswasser im allgemeinen zu hart ist.

Der Kaffeebaum (*Coffea arabica*) läßt sich leicht selbst heranziehen, wenn man die frischen ungerösteten Bohnen warm und feucht hält.

Sehr groß kann eine Zimmerzypresse (*Cupressus macrocarpa*) werden, wenn man sie reichlich düngt.

Zimmerzypresse
Cupressus macrocarpa

Diese herrlich hellgrün erscheinende Pflanze stammt aus Kalifornien. Ihre feine Benadelung erinnert wirklich an die Zypressen des Freilandes, da sie oft golden schimmert, besonders die Sorte 'Goldcrest' habe ich in die Nähe von dunkelgrünen Pflanzen gestellt und erziele so einen dekorativen Kontrast.

Sie wächst sehr rasch und wird erstaunlich schnell groß. Man kann sie daher beliebig stutzen. Im Zimmer möchte sie einen hellen, aber nicht sonnigen Platz. Auch im Halbschatten gedeiht sie noch vorzüglich. Warme Sommertemperaturen und kühle Wintertemperaturen (um 10° C) sind das Beste.
Die Zimmerzypresse möchte nur mäßig Feuchtigkeit, darf aber nicht längere Zeit trocken stehen. Auch Staunässe verträgt sie nicht. Im Winter wird nur wenig gegossen.
Will man die Zimmerzypresse rasch groß haben, so muß man sie im Sommer reichlich düngen, dann wächst sie unwahrscheinlich schnell. Auch sollte man sie alljährlich umtopfen. Soll sie hingegen nicht so rasch wachsen, topft man sie selten um und düngt nur alle 4 Wochen einmal.

Durch das Ausbrechen der unteren Triebe und Stutzen der Spitze kann man recht schnell zu einer attraktiven Form auf Stämmchen kommen. Als Kugel geschnitten wirkt die Zimmerzypresse außerordentlich dekorativ.

Dieffenbachie
Dieffenbachia

Diese artenreiche Gattung kommt aus den tropischen Wäldern Mittel- und Südamerikas. Sie ist schon seit langem als Zimmerpflanze bekannt.
Diese attraktive Zimmerpflanze mit den herrlichen Riesenblättern, die meist gesprenkelt oder weißlich, gelblich gefleckt sind, ist in allen Pflanzenteilen giftig.

Das war schon im 17. Jahrhundert bekannt, denn damals diente sie in Mittel- und Südamerika dazu, Sklaven zu foltern oder unliebsame Zeugen zum Schweigen zu bringen. Deshalb erhielt die Dieffenbachie den Beinamen »Schweigrohr« oder auch »Giftaron«. Doch keine Angst, wenn man nicht gerade auf den Blättern herumkaut oder Pflanzensaft in die Augen bekommt, braucht man keine Sorge zu haben. Die bloße Berührung schadet überhaupt nicht. Die unzähligen Arten und Hybriden der Dieffenbachie machen es schwer, eine Auswahl zu treffen, denn alle werden groß und haben riesige glatte Blätter. Die Dieffenbachie steht im hellen bis halbschattigen Raum am besten, volle Sonne verträgt sie nicht. Auch sollte man darauf achten, daß sie stets warm und feucht steht. Durch die großen Blätter verdunstet sie viel Wasser. Der Boden sollte nährstoffreich und locker sein. In den lichtreichen Sommermonaten gibt man jede Woche dem Gießwasser einen Volldünger hinzu.
Dieffenbachien lassen sich leicht im Glas mit Wasser bewurzeln. Man braucht dazu nur einen Kopfsteckling oder einfach Stammstücke mit einem Auge.

Dieffenbachia* × *bausei
Es gibt unzählige, schwer zu unterscheidende Hybriden von Dieffenbachien. Diese Art hat eiförmige gelbgrüne Blätter und weiße und gelbe Flecken.

Dieffenbachia bowmannii
Die Blätter dieser Art werden etwa 75 cm lang und 30 cm breit. Sie sind von dunklem Grün und ihre hellgrünen Flekken sind nicht willkürlich, sondern parallel angeordnet. Durch ihre Größe ist diese Pflanze besonders als attraktiver Zimmerbaum geeignet.

Dieffenbachia maculata
Dies ist wohl die bekannteste Art, mit ihr haben sich auch die Züchter häufig beschäftigt. Es gibt unzählige Sorten. Die Blattfarbe ist von frischem Grün mit mehr oder weniger vielen weißen Strichen und Flecken.

Dieffenbachia seguine
Diese Art aus Westindien ähnelt der *Dieffenbachia maculata* sehr. Sie ist ebenso vielgestaltig und von der obigen Art nur durch die flachen Blattstiele zu unterscheiden.

Dieffenbachia* × *splendens
Nur wenige elfenbeinfarbene Punkte weist diese Art auf. Ihre Blätter sind sattgrün und wirken samtig. Auch die Mittelrippe des Blattes ist von elfenbeinener Farbe.

Verkahlen Dieffenbachien, so stehen sie meist längere Zeit unter 18° C. Also warm stellen und zurückschneiden. Man kann sie verjüngen, aber sie verzweigen sich nicht oberhalb, sondern treiben immer von unten neu aus.

Die Dieffenbachie (*Dieffenbachia seguine* 'Tropic Snow') ist ein attraktiver Zimmerbaum mit riesigen vielgemusterten Blättern.

Fingeraralie
Dizygotheca elegantissima

Aus Neukaledonien kommt diese filigran wirkende Pflanze, die dort große strauchartige Bäume bildet. Auch im Zimmer kann sie gut 2 m hoch werden. Die Fingeraralie hat olivgrünes bis rötliches Laub und gefiederte schlanke Blätter, deren Ränder gezähnt sind. Sie wächst bei uns im Zimmer eintriebig. Mehrtriebig erscheinende Pflanzen sind meist gleich zu mehreren im Topf. Auf jeden Fall gehört sie zu den attraktivsten Zimmerbäumen, wenn auch ihre Pflege etwas problematisch ist. Denn die Fingeraralie benötigt nicht nur Fingerspitzengefühl, sondern auch dauernde Aufmerksamkeit. So möchte sie hell, aber nicht sonnig stehen. Sie braucht gleichmäßige Zimmertemperaturen um 18–20° C. Sinken die Temperaturen, so ist besonders darauf zu achten, daß die Bodentemperatur niemals unter 18° C sinkt, denn dann geht diese herrliche Pflanze ein. Nur ganz alte Exemplare halten auch kühlere Bereiche aus.
Gießen sollte man regelmäßig, allerdings ist stauende Nässe verkehrt. Auch ist es ratsam, die Fingeraralie häufig zu besprühen, da sie hohe Luftfeuchte liebt. Auf jeden Fall eine Problempflanze, aber ihre besondere Schönheit macht sie dennoch beliebt und im geschlossenen Blumenfenster, in der Vitrine, dem warmen Wintergarten und anderen an Luftfeuchtigkeit reichen und warmen Räumen ist sie auf jeden Fall einen Versuch wert. Gedüngt wird sie nur im Sommer, etwa alle 14 Tage mit einem Flüssigdünger. Auch umtopfen braucht man sie nicht allzu häufig. Alle 2 Jahre sollte sie in frische und leichte Blumenerde umgesetzt werden.
Reicht die Luftfeuchtigkeit nicht aus, setzen sich oft Spinnmilben in den Blättern fest. Dann als erste Abwehr einfach eine dichte Folientüte darüberstülpen, ehe man zum Pflanzenschutzspray greift. Vermehrt wird die Aralie durch Stecklinge, die trotz Wärme und Feuchtigkeit nur wenig bewurzeln (Bewurzelungspulver zugeben) oder durch frischen Samen, der aber fast zwei Monate braucht, ehe er keimt.

Beim Gießen verwende ich Regenwasser, das tut der Fingeraralie auf jeden Fall gut. Habe ich gerade keines gesammelt, koche ich Wasser ab.

Warm möchte die Fingeraralie (*Dizygotheca elegantissima*) stehen, soll sie sich zu einer großen Pflanze entwickeln.

Drachenbaum
Dracaena

Der Drachenbaum (*Dracaena marginata*) weist sehr viele attraktive andere Arten auf, die alle recht pflegeleicht und sehr dekorativ sind.

Diese attraktive Pflanze mit den interessanten Stämmen kommt aus den tropischen Gebieten Afrikas und Asiens.
Wie bei fast allen Pflanzen, so sind auch die buntblättrigen Arten in der Pflege etwas anspruchsvoller, dennoch ist der Drachenbaum insgesamt eine beliebte und unkomplizierte Zimmerpflanze. Die Blätter sind spitz auslaufend, in allen Farbvarianten gestreift und bilden zumeist über einem oder mehrere Stämme einen Tuff. Der Drachenbaum war bereits vor 100 Jahren in Europa beliebt und bekannt.
Drachenbäume möchten ganzjährig einen mäßig warmen Platz. Manche von ihnen bevorzugen im Winter einen kühleren Standort bei weniger Wassergaben. Volle Sonne vertragen nur wenige von ihnen, am besten ist ein heller, aber nicht sonniger Platz. Bei Drachenbäumen kann man eigentlich nur zu viel gießen, denn sie kommen, da sie mit den Agaven verwandt sind, eher mit weniger Wasser gut über die Runden. In geheizten Räumen muß man für erhöhte Luftfeuchtigkeit durch Besprühen sorgen.
Düngt man zuviel, fallen die Blätter mit bunter Zeichnung wieder ins Grüne zurück.
Als Substrat bevorzugen Drachenbäume in der Regel eine Mischung aus guter Blumenerde mit hohem Sandanteil. Dann braucht man im Sommer auch nur alle vier Wochen einmal zu düngen.
Wird einem die Pflanze doch zu groß, so kann man sie getrost zurückschneiden, sie treibt dann wieder aus.

Falls ein Drachenbaum einmal seine Blätter abwirft, nicht gleich wegwerfen, sondern zurückschneiden und besser pflegen. Er treibt mit Sicherheit wieder aus.

Dracaena draco
Robuste tiefdunkelgrüne Art, wird leicht mit der Palmlilie *(Yucca)* verwechselt.

Dracaena fragrans
Eine Art mit breiten grün-gelb oder grün-weiß gestreiften Blättern, die leicht überhängen.

Dracaena marginata
Feine dunkelgrüne Blätter auf schlankem Stamm zeichnen diese Art aus. Die Blattränder haben einen rostbraunen Streifen, es gibt auch roséfarbene Sorten.

Gummibaum, Feigenbaum

Ficus

Eine Legende besagt, daß Buddha etwa 515 Jahre v. Chr. unter einem solchen Baum seine Erleuchtung empfangen habe. Seitdem gilt der Gummibaum unter den Buddhisten als heilig. Eigentlich müßte er Feigenbaum heißen, denn der botanische Gattungsname *Ficus,* den Carl von Linné (1707–1778) dieser Pflanze gab, bedeutet Feige. Die eßbare Feige gehört zur gleichen Gattung. Zu den zahlreichen Arten, die aus Asien, Afrika, Südamerika und Südeuropa stammen gehören eine Vielzahl von Zimmerpflanzen, die sich in Blattform, Wuchsform und Blattfarbe sowie Größe unterscheiden. Man vermutet gar nicht, daß sie ein und derselben Gattung angehören.

Nicht alle sind als Zimmerbäume geeignet, zum Beispiel die Kletterfeige, *Ficus pumila,* die als rankende oder kletternde Pflanze mit rundlichen, gerade zentimetergroßen Blättern zwar bezaubernd ist, aber wohl kaum die Ausmaße eines Zimmerbaumes erreicht. Daher sollen hier nur jene vorgestellt werden, die auch als Zimmerbäume Verwendung finden.

Wieder im Kommen ist der traditionelle Gummibaum (*Ficus elastca*, links). Empfindlicher ist die Art *Ficus benjamina* 'Profit' (rechts), bei der man unbedingt starke Temperaturschwankungen vermeiden muß.

Wenn Sie das Blatt des Gummibaumes *Ficus elastica* zum Vermehren nutzen, so sollten Sie es nach innen einrollen und mit einem Gummi fixieren. Auf diese Weise schränken Sie die Verdunstungsfläche ein und befördern das Bewurzeln.

Ficus elastica
Seit Großmutters Zeiten ist diese Pflanze aus den Wohnungen nicht mehr wegzudenken. Sie kam zwischendurch ein wenig aus der Mode, erlebt aber jetzt wieder ein Comeback. Schon vor 170 Jahren kam der Gummibaum aus Nepal nach Europa. Der Platz im Zimmer sollte für den Gummibaum, da er zumeist schon beim Kauf recht groß und breit ist, großzügig bemessen sein. Auch darf zwar keine volle Sonne vorherrschen, aber Schatten mag er auch nicht, denn dann bleiben die Blätter klein und werden hell. Die gelbbunte Sorte 'Doescheri' ist inzwischen ebenso im Angebot wie 'Tineke' mit gelbrandigen, aufstrebenden Blättern.

Birkenfeige
Ficus benjamina

Die Birkenfeige unterscheidet sich in ihrem Äußeren erheblich vom traditionellen Gummibaum. Ihre spitz auslaufenden Blätter sind wesentlich kleiner und ihre verzweigten Triebe neigen sich nach außen.
Sie ist auch etwas empfindlicher als der großblättrige Gummibaum. Weder stauende Nässe, noch Zugluft und schwankende Temperaturen verträgt die Birkenfeige. Bei guter Pflege an einem hellen, aber nicht sonnigen Platz ist diese Pflanze von üppiger Attraktivität und wird groß und buschig.
Inzwischen gibt es eine Vielzahl von Sorten, die entweder die Blattform betreffen oder aber die Färbung der Blätter: 'Reginald' mit panaschiertem Grün, 'Starlight' mit gelben Rändern, 'Profit' mit weißen Rändern, 'Natasja' mit aufstrebenden kleineren, dunkelgrünen Blättern. Noch eins: Die hellen Sorten sind empfindlicher als die grünen. Die Birkenfeige gibt es auch als interessante Kronenbäume mit gedrehten oder geflochtenen Stämmen.

Läßt einmal eine Birkenfeige die Blätter fallen, die Pflanze nicht gleich wegwerfen: An einem geschützten und hellen Platz, wo sie ungestört wachsen kann, treibt sie wieder aus. Extrem trockene Zweige etwas zurückschneiden.

Geigenblättriger Gummibaum
Ficus lyrata

Mit riesigen abgerundeten Blättern, die nicht so glänzend wie die des *Ficus elastica* sind, wartet dieser Gummibaum auf. Die Blattadern treten deutlich hervor. Er wächst meistens eintriebig, verzweigt aber, wenn man ihn beizeiten stutzt. Doch durch die Größe der Blätter wirkt er erstaunlich dekorativ.

Dieser Gummibaum hat bei gutem Stand auch weniger die Angewohnheit, die Blätter von sich zu werfen. Steht er zu warm und lufttrocken, stellen sich allerdings leicht Schildläuse und Spinnmilben ein.

Ficus binnendijkii
Diese Art ist relativ neu im Handel. Die dunkelgrünen, leicht hängenden Blätter sind härter als von der Birkenfeige und laufen spitz aus. Sie sehen überhaupt wie Messerklingen aus. Es ist eine sehr dekorative und auch robuste Art. Man kann sie als Hochstämmchen ziehen oder buschig emporwachsen lassen. Dann benötigt der Baum aber für seine Triebfülle eine Stütze, weil sein Haupttrieb nicht so kräftig ist.

Der Geigenblättrige Gummibaum (*Ficus lyrata*) entwickelt große Blätter und ist sehr robust.

Australische Silbereiche
Grevillea robusta

Aus Australien kommt dieser interessante Zimmerbaum mit den filigranen Blättern. Dort wird er bis zu 50 m hoch und säumt die Straßen. Besonders in Neusüdwales und Queensland ist er häufig unter dem Namen »Silky oak« anzutreffen. Als Zimmerpflanze ist dieses Gewächs recht unproblematisch. Sie möchte eher zu kühl als zu warm stehen und braucht einen hellen, im Winter sogar einen sonnigen Platz.
Alljährlich im Frühjahr topft man die Pflanze, wenn sie noch klein ist, in normale frische Blumenerde um. Größere Exemplare werden nur oberflächlich mit neuer Erde bedacht. Man kann die Silbereiche auch zum Verzweigen anregen, indem man sie einfach stutzt. Sie entwickelt dann allerdings keinen Stamm, sondern wächst als Zimmerstrauch heran. Ich habe auch schon Kronenbäumchen von Silbereichen gesehen, die äußerst attraktiv aussehen, aber sehr mühselig heranzuziehen sind, da es oft fünf bis sechs Jahre dauert, bis der Stamm die gewünschte Stärke und Höhe hat. Im Winter steht die Pflanze am besten nicht wärmer als 15° C. Im Sommer kann man die Silbereiche an einen schattigen Platz ins Freie stellen. Gedüngt wird sie in den Sommermonaten wöchentlich einmal mit einem Blumenflüssigdünger.
Im Sommer braucht sie reichliche Wassergaben, aber für guten Wasserabzug im Topf muß gesorgt werden. Im Winter wird sie natürlich bei kühlem Stand nicht so häufig gegossen. Vermehren kann man die Silbereiche durch Samen, der aber unbedingt frisch sein sollte und recht schlecht aufläuft. In sehr feingesiebter Erde, die feucht und warm gehalten werden muß, kann man Glück haben. Kopfstecklinge lassen sich ebenfalls bewurzeln, jedoch dauert es sehr lange. Man sollte Bewurzelungspulver hinzutun.

Einem Farn ähnelt die Silbereiche (*Grevillea robusta*), sie sollte im Sommer unbedingt im Freien stehen. Dann aber ab August nicht mehr düngen, damit sie mit ausgereiftem Holz in den Winter geht.

Fensterblatt
Monstera deliciosa

Einen hellen, aber nicht sonnigen Platz benötigt das Fensterblatt (*Monstera deliciosa*).

Diese aus Mexiko stammende Pflanze braucht man wohl niemanden näher erklären, denn sie ist seit langem eine beliebte Zimmerpflanze. Die Riesenblätter mit ihren Einschnitten und Löchern machen sie zu einem attraktiven Mittelpunkt in jedem Raum.
Aus den halbholzigen schlanken Stämmen wachsen lange Luftwurzeln herab. Der Artname »deliciosa« heißt so viel wie »köstlich«, was sich auf die schmackhafte Frucht bezieht. Der Gattungsname heißt im Deutschen »Mißgestalt« und nimmt vermutlich auf die »unfertige« Art der Blätter Bezug. Doch gerade diese scheinbare Mißbildung macht diese Pflanze so interessant für uns. Und noch eines: *Monstera* ist denkbar unkompliziert zu pflegen. Unter günstigen Bedingungen kann sich das Fensterblatt in etwa 10 Jahren zu einem Exemplar mit einer Höhe von 3 m auch im Zimmer entwickeln. Auch am Moosstab läßt sich die *Monstera* heranziehen. Im Handel ist jetzt die weißbunte Sorte 'Variegata', die entschieden empfindlicher als die grüne Art ist. Sie braucht viel Wärme und darf niemals Zugluft, stauende Nässe und praller Sonne ausgesetzt sein.
Das Fensterblatt gedeiht am besten in leichter und nährstoffreicher Blumenerde, sollte auch alle zwei Wochen gedüngt werden. Große Pflanzen benötigen reichlich Wasser. Zusätzlich sollten wir die Blätter häufig feucht abwischen. Auch ein Abduschen ist angebracht. Trotzdem gewöhnt sich die *Monstera* auch an lufttrockene Räume. Temperaturen um 20° C sind am besten, aber auch kühlere und wärmere Bereiche werden kurzzeitig ohne Schäden vertragen. Allerdings bei Kühle nicht so reichlich gießen. Bleiben die Blattausbuchtungen aus, steht das Fensterblatt meist zu dunkel.

Die langen Luftwurzeln leite ich in die Erde, auf diese Weise versorgen sie meine *Monstera* noch zusätzlich mit allem Notwendigen, weil sie sich zu Nährwurzeln umbilden. Also auf keinen Fall abschneiden!

Brautmyrte
Myrtus communis

Die schöne immergrüne Pflanze wird in ihrer Heimat, in den warmen Regionen Südeuropas, zu einem Strauch bis zu 4 m Höhe. Auch in Asien und Nordafrika kann man Myrten entdecken. Die kleinen unscheinbaren Blüten duften zart und sind durch ihre Fülle dekorativ. Die Blätter der Myrte entwickeln beim Zerreiben einen aromatischen Duft. Die Myrte blüht schon als ganz kleiner Fenstertopf. Sie läßt sich auch als Kranz formen, zu Figuren schneiden und ist relativ problemlos in der Pflege.
Der Brauch, Brautpaare mit Myrtenzweiglein zu schmücken, geht bis ins 16. Jahrhundert zurück.
Myrten wollen sonnig stehen. Im Sommer können sie durchaus ins Freie. Dann müssen sie aber häufig gegossen werden. Als Substrat bevorzugen Myrten eine kräftige kalkfreie Erde. Auch sollte man, wenn das Leitungswasser zu hart ist, mit Regenwasser oder abgekochtem Wasser gießen. Von Mai bis August kann man der Myrte einen kalkfreien Dünger verabreichen, alle drei Wochen reicht völlig aus. Myrtendünger ist im Handel schwer zu finden, deshalb sollte man Azaleen- und Rhododendrondünger verwenden, denn dieser enthält auch keinen Kalk. Im Winter ist die Pflanze möglichst an einen hellen, frostfreien und kühlen Platz, z.B. in das Treppenhaus, zu stellen. Steht sie warm, muß man mit Läusen rechnen und sollte reichlich gießen und häufig besprühen. Dies entfällt bei kühler Überwinterung.

Die Myrte (*Myrtus communis*) entwickelt sich prächtig, wenn sie reichlich gestutzt und im Sommer ins Freie gestellt wird. Ihre sternchenförmigen weißen Blüten duften zart.

Myrten lassen sich beliebig stutzen und die Triebstücke kann man im Frühsommer in feuchte Erde stecken und bewurzeln lassen. Nach dem Stutzen blüht sie allerdings nicht so üppig.

In den südeuropäischen Ländern ist die Myrte ein weit verbreitetes Küchengewürz. Zum Beispiel gehört es einfach dazu, wenn Lamm oder Ziege am offenen Feuer gebraten werden, Myrtenzweige ins Feuer zu legen. Ich habe dies bei Wildbraten ausprobiert. Nur sparsam habe ich einige Blättchen kurz vor dem Garwerden in die Soße getan. Das ergibt ein besonders pikantes Aroma.

Schraubenbaum

Pandanus veitchii

Auch wenn die Engländer ihn »Screw Palm« nennen, also Schraubenpalme, so hat der *Pandanus* doch keinerlei verwandtschaftliche Bindungen zu den Palmen. Der Schraubenbaum bildet eine eigene Familie. Diese dekorative Pflanze mit den auffallenden Luft- und Stelzwurzeln ist auf Madagaskar und auf den Inseln des Indischen Ozeans zu Hause. Der Schraubenbaum hat lange, weit ausschwingende schlanke Blätter, deren Ränder stachelig sind und weiße Längsstreifen besitzen. Das Grün der Blätter ist nicht dunkel, sondern hell. Er benötigt viel Platz, damit er gut gedeihen kann und voll zur Geltung kommt. Steht er zu dunkel, blaßt seine schöne Blattfärbung aus.

Ein *Pandanus* braucht viel Licht, aber keine direkte Sonne. Er braucht einen warmen Standort und seine Erde sollte stets feucht gehalten werden. Um die Luftfeuchtigkeit in Pflanzennähe zu erhöhen, ist es ratsam, den Schraubenbaum mehrmals wöchentlich zu besprühen. Im Winter sollte man die Blätter von Zeit zu Zeit mit einem feuchten Tuch oder Schwamm abwischen.

Als Substrat bevorzugt der Schraubenbaum ein nährstoffreiches, durchlässiges Substrat. Jährliches Umtopfen fördert sein Gedeihen.

Gedüngt wird der Schraubenbaum nur im Sommer, etwa alle drei Wochen mit einem Volldünger.

Der Schraubenbaum gehört zu den schnellwachsenden Zimmerpflanzen, das sollte man bedenken, wenn man ihn ins Zimmer stellt. Er bildet kleine Kindel, die man zur Vermehrung abtrennen kann.

Der Schraubenbaum (*Pandanus veitchii*) ist nichts für kleine Räume, er breitet sich aus und seine Blätter haben dornige Ränder.

Baumfreund
Philodendron

Man kann sich keinen tropischen Urwald ohne diese vielfältige Gattung denken, ob als kletternde, rankende oder auf Stämmen wachsende, mit Riesenblättern ausgestattete Arten – man findet sie in den gesamten Tropen, überreichlich (mit etwa 275 Arten) kommen sie auf dem amerikanischen Kontinent vor. Seit etwa 140 Jahren erfreuen wir uns an einigen Vertretern dieser Gattung, die unter Zimmerbedingungen erstaunlich gut gedeihen.
Nicht alle kann man unter die Rubrik »Zimmerbäume« fassen, denn einige bleiben kleinblättrig und werden erst an Riesenmoosstäben zu Zimmerbäumen. Aber alle haben eines gemeinsam: Sie wachsen unwahrscheinlich schnell und üppig.
Die meisten Arten kommen erstaunlich gut mit trockener Zimmerluft zurecht. Doch ist ein gelegentliches Übersprühen auf jeden Fall anzuraten. Auch stehen sie alle gut im Halbschatten bis Schatten und mögen einen recht warmen Platz. Im Winter sollten sie nicht unter 18° C stehen und auch die Bodenwärme sollte nicht abfallen. Viele haben lange Luftwurzeln, die erst im Alter den Weg zur Erde finden und dann zu Nährwurzeln werden. Die großen Blätter sind bei fast allen Arten von einem satten dunklen Grün, das vom Glanz der Blätter noch unterstrichen wird. Es gibt aber auch Arten, die rötlich schimmern.

Noch eine Besonderheit hat diese Gattung: Bei vielen Arten sehen die Jungpflanzen – also unsere Zimmerpflanzen – ganz anders aus, als die alten Exemplare, die man in Botanischen Gärten bewundern kann.

Artenreich und zugleich pflegeleicht ist die Gattung Philodendron, recht schnell wachsen die Pflanzen zu Zimmerbäumen heran, *Philodendron domesticum* (unten), *Philodendron selloum* (oben).

Im Winter stelle ich unter meinen Philodendron einen Bastuntersatz, um auf keinen Fall einen »kalten Fuß« zu riskieren. Ich empfehle diese Methode besonders jenen, die eine Fensterbank aus Stein ohne Heizung darunter haben, oder Fußböden ohne Keller und Fußbodenheizung.

Philodendron bipennifolium
Pfeilartig ragen die Blätter dieser kletternden Art aus Südbrasilien empor. Ihre Farbe ist graugrün, die Blattstruktur ledrig. Diese Art läßt sich durchaus an einem Gestell oder Moosstab zum Zimmerbaum heranziehen. Sie gehört zu den Arten, die auch bei 15° C noch gut gedeihen, wenn man nicht zu reichlich gießt.

Philodendron × corsinianum
Die Blätter sind am Rand leicht gelappt und werden bis 80 cm lang. Die Blattoberseite ist dunkelgrün und besitzt einen kupfrigen Glanz, die Unterseite ist völlig rotbraun. Diese herrliche Art entstand schon im Jahre 1887 und ist eine Kreuzung aus den Arten *Philodendron verrucosum* und *Philodendron lindenii.*

Philodendron erubescens
Die Blätter werden sehr groß, die meisten bis zu 70 cm lang, sie sind fast bis an die Mittelrippe eingeschnitten. Die Blattfarbe ist graugrün. Diese Art blüht schon als zweijährige Pflanze. Sie kommt aus Kolumbien und möchte besonders warm stehen. Dann allerdings benötigt sie auch viel Feuchtigkeit und alle 14 Tage eine Düngergabe.

Philodendron elegans
An eine *Monstera* erinnern die Blätter dieses Philodendron. Sie sind zwar ebenso breit und auch tief eingeschnitten, haben aber im Unterschied zur *Monstera* niemals Löcher. Die Blätter werden etwa 70 cm groß.

Philodendron eichleri
Ebenso tief eingeschnitten und dekorativ sind die Blätter dieser Art, die zu den größten zählt. Der Stamm kann armdick werden. Die Blätter sind an den Rändern gewellt und gelappt.

Philodendron selloum
Die Blätter dieser attraktiven Art sind gefiedert, tief eingeschnitten und die Blattspreite kann 90 cm groß werden. Diese Art gedeiht auch bei Mindesttemperaturen von 12–15° C im Winter noch gut. Sie wird bis zu 2 m hoch.

Der traditionelle Baumfreund (*Philodendron scandens*) kann leicht am Moosstab herangezogen werden.

Steineibe
Podocarpus macrophyllus

Diese interessante Pflanze sieht nicht nur aus wie ein Nadelbaum, sie zählt auch botanisch zu diesen. Es gibt etwa 65 Arten, die in subtropischen Gebieten unserer Erde zu Hause sind. Die Blätter sind tiefdunkelgrün und schmal lanzettlich geformt. Die Steineibe kann den ganzen Sommer über bis in den Spätherbst hinein im Freien stehen. In Süddeutschland sind sogar einige ältere Exemplare in Gärten ausgepflanzt, allerdings benötigen auch diese einen Winterschutz. Diese Art kommt als einzige auch mit niedrigen Temperaturen zurecht, sie stammt aus Japan von den Riukiu-Inseln.

Die Steineibe ist die ideale Pflanze für Treppenflure oder sonstige Orte im Haus, wo es kühl und hell ist. Alljährlich im Frühjahr sollte man die Pflanze in handelsübliche Blumenerde umtopfen. Zweimal im Monat wird gedüngt. Vermehrt wird die Steineibe durch Triebstecklinge mit mindestens 3 Blattpaaren, die rasch bewurzeln, wenn sie warm und feucht stehen.

Interessant ist auch, daß sich die Steineibe in Form bringen läßt. Man kann sie bizarr drahten und zum »Krummwerden« anregen und stutzt dabei die Seitentriebe, so daß nur oberhalb Schöpfe stehen bleiben. Oder aber man zieht sie als dichte Kugel, indem man stets ihre Spitzen kappt.

Steht die Pflanze im Winter zu warm, stellen sich Läuse ein. Deshalb muß sie unbedingt einen frostfreien und kühlen Winterplatz bekommen. Kann man dies nicht garantieren, so sollte man die Pflanze über Winter in Pension geben.

Als Bonsai gezogen wurde diese herrliche Steineibe (*Podocarpus macrophyllus*), die im Sommer unbedingt ins Freie muß.

Strahlenaralie
Schefflera arboricola

Diese schöne Grünpflanze mit den handförmig angeordneten Blättern stammt aus Taiwan, Australien und Neuguinea. Sie wird in ihrer Heimat riesengroß und klettert an Bäumen empor. Auch im Zimmer bekommt sie Stützhilfen, sehr dekorativ sieht ein Moosstab aus.
Die *Schefflera* ist eine Pflanze, die stets die »Mitte« will: Nicht zu warm, nicht zu kalt, nicht zu feucht, nicht zu trocken, nicht sonnig, nicht schattig. Fazit: Eine gute durchlässige Erde, die einem nassen Fuß vorbeugt, regelmäßiges Gießen, ein mäßig warmer und heller Platz sind ihr gerade recht. Auf Zugluft und Temperaturschwankungen reagiert die *Schefflera* empfindlich mit dem Abwerfen der Blätter. Öfteres Besprühen oder Abbrausen der Blätter tun der Pflanze gut. Im Sommer kann man sie alle drei Wochen düngen. Auch sollte man die Strahlenaralie jedes Frühjahr in nährstoffreiche frische Blumenerde umtopfen.

Beim Umtopfen etwas Vorsicht walten lassen und hinterher gründlich die Hände waschen, denn der Pflanzensaft der *Schefflera* reizt die Haut und führt manchmal zu Rötungen.

Bei Temperaturen unter 20 °C läßt die Strahlenaralie *(Schefflera arboricola* 'Gold Capella') die Blätter fallen.

Dies ist eine Pflanze, die dank ihrer Wuchsfreude ideal für das Zimmer ist. Sie hat auch den Vorteil, daß sie lang und elegant mehr in die Höhe als in die Breite geht. Das Vermehren nimmt der Fachmann vor, zumeist aus Samen, weil Triebstecklinge nicht so rasch bewurzeln. Die *Schefflera* ist in vielen Sorten im Angebot, es gibt neben der dunkelgrünen auch gelb gezeichnete, zum Beispiel 'Trinette'. Die hellgemusterten Exemplare sind empfindlicher als die dunkelgrünen.

Zimmerlinde
Sparmannia africana

Um die Jahrhundertwende galt die Zimmerlinde als die schönste Topfpflanze. Zweifellos ist die auch im Zimmer recht groß werdende Pflanze mit den weichen, leicht behaarten Blättern, die von so hellem Grün sind, daß sie fast durchscheinend sind, außerordentlich attraktiv. Schon an der Blattform erkennt man ihre Zugehörigkeit zu den Lindengewächsen. In ihrer Heimat, in Afrika und auf Madagaskar entwickelt sie sich zu riesigen Bäumen.
In der Wohnung braucht die Zimmerlinde einen hellen und zugluftsicheren Platz. Sie verdunstet viel Feuchtigkeit mit ihren Riesenblättern, sollte daher reichlich gegossen werden. Allerdings muß man Staunässe vermeiden, daher öfter in den Untersatz oder Übertopf schauen, ob sich überschüssiges Wasser darin befindet. Denn bekommt sie manchmal ein gelbes Blatt, muß das nicht Trockenheit sein, sondern kann auch die Folge eines »nassen Fußes« sein. Im Zimmer gedeiht sie auch bei trockener Luft recht gut, nur Zigarettenrauch und schlechte Luft mag sie überhaupt nicht!
Ein gelegentliches Besprühen tut ihr sichtlich gut. Über Sommer kann sie auch an einem halbschattigen Platz im Freien stehen. Zimmerlinden wachsen oft schneller als ihre großen Blätter vertragen, daher ruhig kräftig stutzen.

Schnell wächst die großblättrige Zimmerlinde (*Sparmannia africana*) heran, sie benötigt viel Wasser.

Alljährlich sollte man die Zimmerlinde in sehr nährstoffreiche, etwas sandhaltige Erde umtopfen. Unbedingt auf eine Dränageschicht aus Tonscherben oder Kieselsteinchen auf dem Boden des Topfes achten! So beugen Sie stauender Nässe von Anfang an vor. Von Mai bis August wöchentlich einmal düngen. Die Zimmerlinde entwickelt auch schöne weißliche Blütenstände.
Im Winter sollte sie einen hellen, aber kühlen Standort bekommen, 12° C sind gerade recht. Dann natürlich weniger gießen.

Wegen der Standfestigkeit sollten Sie Zimmerlinden nicht in Plastiktöpfe setzen, große Pflanzen kippen bei dem geringsten Luftzug um. Ich halte meine Zimmerlinde in einem großen Tontopf.

Palmlilie
Yucca aloifolia

Wegen ihrer spitz zulaufenden Blätter wird die Art »aloifolia«, die auf den Kanarischen Inseln und im Südosten der USA heimisch ist, auch »Spanisches Bajonett« genannt.
Die andere Art, *Yucca elephantipes*, hat dickere Stämme und einen lockeren Schopf. Ansonsten sind beide Arten schwer voneinander zu unterscheiden.
Die *Yucca* ist als »Wunderholz« bekannt und beliebt, sie wird vermutlich deshalb so genannt, weil sie die Fähigkeit besitzt, aus einem Stück Stamm Blätter zu treiben, ehe sie beginnt, Wurzeln zu entwickeln. Dies führte bis heute oft zum Raubbau der Naturstandorte. Dort werden riesige Stämme einfach abgeholzt, nach Europa exportiert und hier in kurzer Zeit nach dem Eintopfen zum Austrieb gebracht. Wenn man dann der *Yucca* keinen bodenwarmen Platz gibt, kann es passieren, daß sie eingeht, weil sie einfach keine Wurzeln besitzt. Die ersten Nährstoffe holt sie sich aus ihrem dicken Stamm. Wassergaben haben aber wenig Sinn, wenn noch keine Wurzeln da sind, die sie weiterleiten.
Im Zimmer ist die *Yucca* unproblematisch zu halten. Sie ist schon seit langem eine häufig anzutreffende Zimmerpflanze. Bereits im 16. und 17. Jahrhundert war sie eine der beliebtesten Orangeriepflanzen der Fürstenhäuser. Um 1873 kam dann die Zimmeryucca endgültig nach Europa und ist seitdem nicht mehr wegzudenken aus unseren Wohnungen.
Trotz ihrer Vorliebe für trockene Luft und für volle Sonne ist die *Yucca* in ganzjährig warmen Räumen nicht so einfach zu halten, denn im Winter möchte sie auf jeden Fall einen kühlen Platz, 10° C sind völlig ausreichend. Dann darf man aber nicht so reichlich gießen. Überhaupt brauchen diese Pflanzen nicht sehr viel Wasser. Auch düngen braucht man sie nicht, wenn man sie alljährlich im Frühjahr in nährstoffreiche und sandhaltige Erde umtopft. Im Sommer kann die *Yucca* im Freien stehen. Nur sollte man größere Stämme anbinden, bei Wind kann sie leicht fallen.

Auf starke Temperaturschwankungen reagiert die Palmlilie (*Yucca aloifolia*) mit dem Gelbwerden der unteren Blätter. Das ist aber keine Katastrophe.

Zimmerbäume selbst vermehren

Stecklinge

Die meisten Zimmerbäume werden durch Trieb- oder Kopfstecklinge vermehrt. Voraussetzung dafür ist zumeist eine ausreichende Bodenwärme und Feuchtigkeit.
Da Zimmerbäume meistens verholzte Triebe haben, sollten wir die Stecklinge nur von jenen schneiden, die noch kräftig im Saft stehen und nicht so stark verholzt sind. Auch brauchen die Triebe mindestens ein Blattpaar. Das Stecklingssubstrat sollte gut wasserdurchlässig sein (hoher Sandanteil) und eine feinkörnige Struktur aufweisen. Ich verwende für die Vermehrung grundsätzlich die Erde von Maulwurfshügeln.
Nach dem Schnitt werden die Stecklinge sofort vorsichtig in das feuchte Substrat gesteckt und warm gestellt. Lediglich Vertreter der Kakteenfamilie oder auch Sukkulenten sollten einige Tage nach dem Schnitt an der Luft trocknen.
Bewährt hat sich beim Vermehren auf jeden Fall ein Mikroklima, das man leicht erreicht, wenn man die ersten Wochen eine durchlöcherte Folientüte über den Topf stülpt. Mit einem Stöckchen läßt sie sich aufrecht halten, damit der Steckling nicht beengt wird. Bilden sich neue Blätter, kann man davon ausgehen, daß der Steckling bewurzelt ist. Nun noch einige Wochen warten und dann die Pflanze vorsichtig mit dem Wurzelballen in einen größeren Topf setzen. Die Erde darf nun nährstoffreicher sein.
Man kann auch mehrere Stecklinge in einen Topf bewurzeln lassen, dies hat aber den Nachteil, daß man sie meistens pikieren muß und eventuell Wurzeln beschädigt.
Die beste Zeit zur Stecklingsvermehrung ist das Frühjahr, um den Pflänzchen genügend Lichtintensität und Wärme zu bieten. Stecklinge lassen sich auch im Glas mit Wasser leicht bewurzeln. Aber auch hier gilt, daß die Pflanzen hell (nicht sonnig!) und warm stehen müssen.

Ich habe erfolgreich Stecklinge mäßig befeuchtet, indem ich in den großen Topf, in dem sich ringsherum die Stecklinge befanden, einfach einen kleinen Tontopf in die Mitte einsenkte. Das Abzugsloch habe ich mit Steinen zugedeckt und in den Topf Wasser getan. So gibt der poröse Ton langsam und gleichmäßig Feuchtigkeit ab.

Teilen

Unter Teilen versteht man das Auseinandertrennen oder Auseinanderschneiden mehrtriebiger Pflanzen mit kräftigen Wurzeln. Auch jene, die aus Rhizomen emporwachsen, kann man mit den Rhizomen auseinanderschneiden. Das Teilen hat den

Vorteil, daß man sofort zwei fast gleichgroße und gleichkräftige Pflanzen erhält. Da aber Zimmerbäume zumeist einen starken eintriebigen Stamm bilden, ist hierbei nur selten die Teilung möglich. Denn das Teilen des Stammes *(Dracaena, Dieffenbachia, Yucca)* ist schon wieder eine Stecklingsvermehrung.

Manche Pflanzen lassen sich leicht im Wasserglas bewurzeln, ein enger Flaschenhals oder eine »Manschette« verhindern ein »Abtauchen« der Stecklinge. Holzkohlepulver verhütet an den Schnittstellen Fäulniskrankheiten.

Die geteilten Pflanzen werden in leichte Erde eingetopft und warm und feucht gestellt. Eine Folientüte oder Glashaube erleichtert das Weiterwachsen in der ersten Zeit.

Kindel, Ableger

Diese Kleinausgaben der großen Pflanze bilden sich bei vielen Zimmerbäumen *(Beaucarnea, Pandanus)* und können abgenommen und zum Bewurzeln gebracht werden, hier gilt das gleiche wie bei der Stecklingsvermehrung. Man sollte den jungen Pflänzchen das Durchwurzeln so leicht wie möglich machen und Bodenwärme und Feuchtigkeit liefern. Auch eine Folienabdeckung wäre in jedem Fall günstig, um ein Mikroklima bei hoher Luftfeuchtigkeit zu garantieren. Kindel lassen sich auch im Glas Wasser bewurzeln.

Auch wenn die ältere Pflanze einen kühlen Platz bevorzugt, für »Babys« gilt immer: Warm, feucht, hell!
Übrigens: Ihren Gummibaum können Sie genauso abmoosen, wie im Palmenkapitel über Vermehrung beschrieben.

Palmen und Zimmerbäume richtig pflegen

Licht und Temperatur

Alle Wachstumsfaktoren haben ein bestimmtes und ausgewogenes Verhältnis zueinander. Licht und Temperatur geben die Richtung für die übrigen Faktoren, Wasser und Nährstoffe an. Ist es hell und warm, muß auch reichlicher gegossen werden und kann kräftiger gedüngt werden. Deshalb halte ich nichts von Rezepturen, wie »Die Pflanze muß zweimal wöchentlich gegossen werden!«. Das ist einfach nicht zu realisieren, die Pflanze ist ein Lebewesen und reagiert auf Umweltbedingungen wie wir auch. Wir trinken an heißen Tagen auch mehr als an kühlen. Und so verdunstet die Pflanze auch mehr bei vollem Licht und hoher Temperatur und muß folgernd mehr gegossen werden. Das häufige Gießen führt aber zum Ausspülen der Nährstoffe und das raschere Wachstum »zehrt« zudem, so daß wir mit Dünger nachhelfen müssen.

So bestimmen Licht und Temperatur die weiteren Gaben. Hell und hell ist nicht das gleiche, denn hier ist die Lage des Fensters entscheidend. Am besten für fast alle Pflanzen sind Fenster in Ost- und Westrichtung geeignet. Am Südfenster muß in fast jedem Fall schattiert werden und am Nordfenster reicht nur für wenige Pflanzen das Licht aus.

Licht und Temperatur bedingen einander sehr unmittelbar. Steht die Pflanze hell, außer in den Ruhezeiten, kann sie ruhig höhere Temperaturen vertragen. Steht sie schattig, möchte sie es meistens nicht so warm haben. In dunklen und warmen Räumen entwickeln die Pflanzen oft helle, schwache und lange Triebe. Lassen wir uns

Lichthungrige Pflanzen, wie die Palmlilie (*Yucca aloifolia*) und auch das Fensterblatt (*Monstera deliciosa*), bekommen den Platz direkt am Fenster, andere im Rauminnern.

nicht davon täuschen, daß die meisten der Palmen und Zimmerbäume aus tropischen Regionen kommen und – so folgern wir nicht ganz richtig – es ganzjährig warm möchten. Das ist meistens nicht der Fall, denn auch in ihren Heimatgebieten sorgen Regenzeit und Trockenheit, kalte Nächte bis ins Tiefland für einen Rhythmus im Pflanzenwachstum, den wir als »kühlen Winter« bezeichnen. Andere Pflanzen bekommen zwangsläufig durch die lichtarme Jahreszeit eine Ruhepause verpaßt, die sie eigentlich nicht haben. Doch dann stellen wir uns auch mit den anderen Faktoren um und geben ihnen weniger Temperatur und weniger Wasser und gar keinen Dünger.
Schon an den Blättern, ihrem Aufbau und ihrer Ausfärbung kann man die Lichtwünsche ablesen: Blätter mit dicker Wachsschicht *(Cycas)* vertragen volle Sonne, Blätter mit ledriger Struktur *(Ficus elastica)* möchten hell, aber nicht sonnig stehen. Blätter mit weichem und zweifarbigem Aussehen möchten einen halbschattigen Platz.

Wasser und Luftfeuchtigkeit

Wie schon eingangs erwähnt, kann man den Bedarf der Pflanzen an Wasser und Luftfeuchtigkeit nicht losgelöst von den anderen Wachstumsfaktoren betrachten. Auf jeden Fall gilt,

So ein Brausebad tut fast allen Pflanzen ebenso gut wie hier der Dattelpalme *(Phoenix)*, allerdings niemals in voller Sonne Wasser auf die Blätter bringen, die Tröpfchen wirken wie kleine Brennlinsen.

Bei strahlender Sonne die Blätter der Palmen nicht besprühen oder begießen! Die kleinen Wassertröpfchen wirken wie Brennlinsen und es kommt zu häßlichen Brandflecken.

daß die Pflanze bei hellem und warmem Platz auch viel gegossen werden muß.
Hat sie große Blätter, so verdunstet sie viel Wasser und benötigt entsprechend mehr Nachschub. Aber hier darf kein Irrtum unterlaufen, vielfach wird die Dattelpalme mit ihren vielen schmalen Blättern nicht als »Großverbraucher« angesehen, sie ist es aber, denn in der Summe bringt sie eine Menge Blattgrün auf die Waage. Palmen haben überhaupt einen größeren Wasserbedarf, als wir eigentlich annehmen. Und da ihre Hauptwurzeln immer tief unten im Topf vorherrschend sind, sollte man richtig viel gießen, damit auch unten Wasser ankommt.
Die meisten Pflanzen signalisieren, wenn sie Wasser benötigen: Sie schlappen. Die Erde hellt sich auf oder löst sich vom Topfrand. Fast alle Pflanzen werden von oben gegossen. Die meisten Pflanzen möchten weiches Wasser. Kann man kein Regenwasser auffangen, das immer noch das Beste ist, so kann man Wasser enthärten, indem man einen Liter trockenen Torf in einem Mullbeutel über Nacht in einen 10-Liter-Eimer hängt. Überschüssiges Wasser sollte fast in jedem Fall aus dem Untersatz oder dem Übertopf entfernt werden.

Palmen und Zimmerbäume mit holzigen Stämmen *(Yucca, Beaucarnea)* gieße ich erst dann, wenn sie völlig trokken sind. Dann gibt es aber reichlich Wasser, bis es aus dem Topf herausläuft. Das überschüssige Wasser schütte ich weg. Ständig oben befeuchten nützt bei diesen Pflanzen gar nichts.

Pflanzen, die zusammengestellt an einem schattigen Platz stehen und zuvor reichlich gegossen wurden, halten schon einige Tage ohne zusätzliche Wassergaben aus.

Die Luftfeuchtigkeit hängt ebenfalls von der Temperatur und der Lichtintensität ab. Zweifellos müssen wir im Winter, zu Beginn der Heizperiode für eine höhere Luftfeuchtigkeit sorgen, indem wir die Pflanzen besprühen oder gelegentlich abbrausen. Auch sollte man großblättrige Pflanzen öfter feucht abwischen. Man kann auch den Topf in eine Schale mit feuchtem Hydrokorn oder Porensinter stellen. An mangelnder Luftfeuchtigkeit gehen die meisten Pflanzen ein. Es gibt auch dekorative Zimmerspringbrunnen, die auch für eine erhöhte Luftfeuchtigkeit sorgen.

Und im Urlaub?

Reist man nur kurze Zeit, ist es am einfachsten, alle Pflanzen über die Maßen kräftig zu wässern und schattig zu stellen. Auch kann man sie in durchsichtige Folie einwickeln. Kleinere Topfpflanzen lassen sich über den Urlaub bringen, indem man das eine Spülbekken mit Wasser füllt und das andere oder die Ablage mit einem dicken Wollstoff so bedeckt, daß ein Ende in das Wasser bis auf den Grund des Beckens reicht. Die Töpfe werden nun ohne Übertopf und Untersatz auf den Stoff gestellt. Der Stoff saugt das Wasser auf und gibt es an die Töpfe ab. Nach dem gleichen Prinzip funktioniert ein Wollfaden, den wir in die Erde stecken und in ein wassergefülltes Gefäß leiten. Auch können einige Pflanzen an heißen Sommertagen ruhig in einer wassergefüllten Schüssel stehen, ohne daß sie Wurzelschäden bekommen. Man kann die Töpfe auch auf Hydrokorn stellen, das bis zum Rand mit Wasser angefüllt wird.
Große Palmen und Zimmerbäume, die auch im Freien stehen können, werden im Garten eingebuddelt, damit sie von der Bodenfeuchtigkeit zehren. Diese Methode hat den Nachteil, daß sich Regenwürmer, die zwar im Garten von großem Vorteil sind, im Blumentopf aber nichts zu suchen haben, einstellen können. Deshalb vor dem Aufstellen im Zimmer den Topf austopfen und nachschauen, ob Asseln oder Regenwürmer Ihre Gäste sind.

Die Wollfadenmethode gelingt nicht immer, ist aber sehr wirksam. Deshalb probieren Sie diese Methode vorher aus, damit Sie kein Fiasko nach der Rückkehr erleben!

Substrat und Dünger

Die Erde gibt für alle Pflanzen nicht nur den Halt, sondern versorgt sie auch mit Nährstoffen und Wasser. Sie ist deshalb von großer Wichtigkeit. Einige der beschriebenen Zimmerpflanzen gedeihen auch in Hydrokultur gut. Dies ist aber ein Kapitel für sich und soll hier nicht näher erläutert werden.

Ein gutes Substrat soll Feuchtigkeit speichern und luftdurchlässig sein. Diese Forderung erfüllen meist nur Mischungen. Im Handel werden für alle Pflanzenarten passende Substrate angeboten. Doch hier sollten Sie nicht auf Billigangebote zurückgreifen, diese erfüllen die Forderungen an Humusanteil und Hygiene nur in seltenen Fällen. Gehen Sie in den Fachhandel und lassen Sie sich dort beraten. Verfügt man hingegen über einen Garten, so kann man sich die Mischungen selbst herstellen, wenn man guten Kompost hat. Einfach Komposterde sieben und nach Bedarf etwas Sand oder Lehm hinzufügen und fertig ist die Erde, die erst einmal über vier Wochen die Ansprüche der meisten Pflanzen erfüllt. Dann müssen Sie allerdings düngen. Noch ein Wort zum Torf: Da die natürlichen Torfgebiete durch regelrechten Raubbau stark zurückgegangen sind, empfehle ich im Interesse der Natur nur selten Torf zu verwenden. Es gibt inzwischen Alternativen wie zum Beispiel Rindenmulch oder Tongranulate, die man der Erde beimischen kann. Torf hatte lediglich die Funktion des Wärmens und guten Wasserhaltens. Auch wirkte er sich positiv auf den pH-Wert aus, weil er ein saures Milieu schafft. Ist Torf aber erst einmal trocken geworden, nimmt er nur schwer Feuchtigkeit wieder auf. Torf an sich ist völlig nährstoffarm. Wenn Sie in Waldnähe wohnen, können Sie auch gut verrottete Nadelerde ihrem Kompost beimischen und erzielen die gleiche Wirkung wie beim Torf.

Das Düngen ist bei Pflanzen im Topf wichtiger als bei Gartenpflanzen, weil die Nährstoffe irgendwann einmal ausgehen. Flüssigdünger werden am besten aufgenommen. Pflanzen, die gerade blühen, sollten einen Dünger mit hohen Phosphoranteilen bekommen. Reine Blattpflanzen benötigen viel Stickstoff, der im organischen Dünger Guano enthalten ist. Buntblättrige Pflanzen brauchen viel Magnesium und Kalium. Pflanzen, die keinen Kalk vertragen, düngt man am besten mit Azaleen- oder Rhododendrondünger. Im übrigen ist ein sogenannter Volldünger für fast alle Pflanzen richtig. Man macht nichts verkehrt, solange man den Dünger in der richtigen Konzentration anwendet.

Im Winter dünge ich wegen der geringen Lichtmenge nur die blühenden Pflanzen. Buntblättrige Pflanzen verlieren bei zu reicher Düngergabe ihre schöne Färbung.

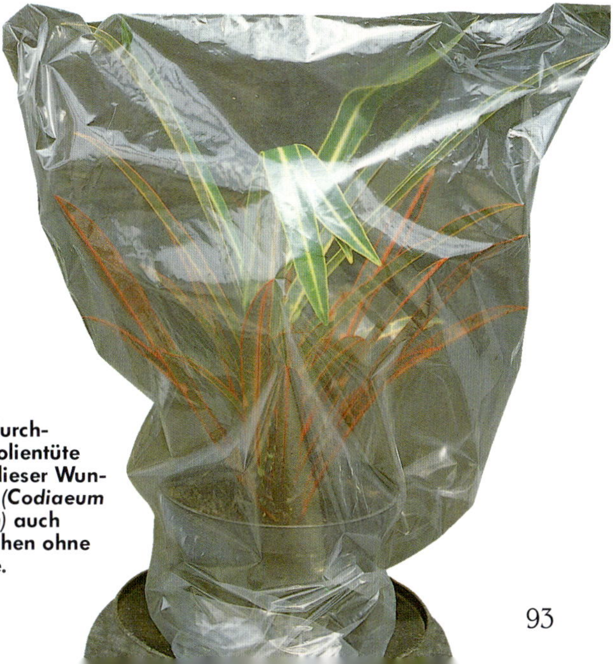

Mit einer durchsichtigen Folientüte übersteht dieser Wunderstrauch (*Codiaeum variegatum*) auch einige Wochen ohne Gießpflege.

Krankheiten und Schädlinge

Kulturfehler

Zumeist handelt es sich beim Auftreten von Krankheitssymptomen an unseren Palmen und Zimmerbäumen ganz einfach um eine Störung der Wachstumsbedingungen. Irgend etwas wurde zu reichlich gegeben oder an irgend etwas mangelt es der Pflanze. Abfallende Blätter, Gelbwerden der Blätter oder braune Blattspitzen müssen nicht immer ihre Ursachen im Befall von Krankheiten oder Schädlingen haben. Wenn wir die Ansprüche der Pflanzen genau kennen und uns danach richten, wird es selten zu extremen Kulturfehlern kommen. Kleine Veränderungen können immer auftreten – auch beim Kauf oder Umstellen in der Wohnung. Die Pflanzen reagieren sensibel auf jede Veränderung, gewöhnen sich aber ziemlich rasch an die neuen Bedingungen. Wassermangel ist zum Beispiel am Welken der Blätter, am Blattabfall oder am Gelbwerden der Blätter schuld. Die gleiche Wirkung hat mangelnde Luftfeuchtigkeit. Aber genauso schädlich ist Wasserüberschuß: Der Wurzelbereich fault, da Sauerstoff fehlt. Die Blätter werden gelb, die Pflanzen sterben ab. Wärmemangel, vor allem wenn er länger anhält, verzögert das Wachstum der Pflanzen, besonders bei Jungpflanzen und bietet zudem eine Brutstätte für pilzliche Erreger. Fehlt Bodenwärme bei der Stecklingsvermehrung, bilden sich kaum Wurzeln und es treten pilzliche Fußkrankheiten auf. Durch Wärmeüberschuß entstehen ebensolche Schäden, vor allem, wenn die Pflanze gerade eine Ruhepause durchmacht. Wärmeüberschuß, verbunden mit zu starker Sonneneinstrahlung kann zum Verbrennen und Austrocknen der Pflanzen führen.
Lichtmangel führt zumeist zum Vergeilen und Weichwerden der Triebe.

Schildläuse stellen sich bei zu trockener Luft ein, deshalb absammeln und die Pflanze eine Woche lang unter einer Folientüte halten.

Bei zu viel Sonne einfach die Pflanze – besonders im Urlaub – mit durchsichtigem Seidenpapier abdecken, sie bekommt trotzdem ausreichend Licht.

Tierische Schädlinge

Am meisten machen sich an unseren Palmen und Zimmerbäumen Läuse aller Art breit. Die Blattläuse sind den weichblättrigen Pflanzen vorbehalten, sie treten vor allem dann auf, wenn die Luft zu trocken ist und die Temperaturen nicht den Ansprüchen entsprechen. Ein Seifenbad schafft manchmal schon Abhilfe.
Schildläuse sind hartnäckiger und machen auch vor Palmen und ledrigblättrigen Zimmerbäumen nicht halt, wenn diese in zu warmen Räumen stehen und noch dazu trockene Zimmerluft vorherrscht. Die Schildläuse müssen abgesammelt werden, besonders in den Blattachseln und jungen Austrieben sind die kleinen bräunlich runden Schilde zu entdecken. Bei starkem Befall kommt es zum Gelbwerden der Blätter und zum Blattabwurf. Wichtig ist, beim Absammeln den Erdboden zu bedecken, damit sich nicht die Eier der Läuse in der Erde vermehren, denn diese sitzen unter dem Schild. Dann sollte man die Pflanze mit einer Seifenlauge abwaschen.
Woll- und Schmierläuse bilden weißliche oder graue Wattegespinste bzw. klebrige Ausscheidungen. Sie sind in den Blattachseln zu finden. Auch in diesem Fall steht die Pflanze zu warm und zu lufttrocken. Man kann die Läuse »ersticken«, indem man ihre Wattegespinste mit Öl einträufelt und abwischt.

Wolläuse kann man mit einem Öltropfen »ersticken«. Doch muß man sorgfältig jede Blattachsel absuchen, da sie sich nicht so deutlich auf der Blattoberseite präsentieren, sondern immer unterseits an den Blattadern und den jungen Blatt- und Blütenknospen versteckt halten.

Pilzkrankheiten

Bei hoher Luftfeuchtigkeit, Kühle und geringer Luftbewegung tritt Grauschimmel auf. Dieser Pilz bringt Pflanzenteile zum Faulen und ist erkennbar an dem grau-weißen Belag. Dann heißt es: Befallene Pflanzenteile sofort entfernen, für Durchlüftung und höhere Temperaturen sorgen.
Rostpilze verursachen rötlichbraune Flecken auf den Blättern. Blattfall und Triebverkümmerungen sind die Folge. Befallene Blätter müssen vernichtet werden und beim Gießen dürfen die Blätter nicht benetzt werden.
Fußkrankheiten bei stauender Nässe sind ebenfalls die Folge einer pilzlichen Krankheit. Hier hilft nur, die Pflanze neu umtopfen und für bessere Wasserführung durch Tonscherben oder Tongranulat zu sorgen.

Bei allen Krankheiten konnte ich feststellen, daß die jungen und die kümmernden älteren Pflanzen am ehesten befallen werden. Eine gesunde Pflanze, die kräftig im Wuchs ist und gut abgehärtet ist, wird selten von Krankheiten und Schädlingen heimgesucht. Deshalb immer die Wachstumsfaktoren entsprechend der Pflanzenart gestalten!

Man kann die mit Woll- und Schildläusen befallenen Pflanzen auch mit einer Seifen-Spiritus-Lösung besprühen. Einfach 20 g Schmierseife und 10 ml Brennspiritus in 1 Liter Wasser lösen und in die Sprühflasche geben. Nach der Behandlung die Pflanze mit klarem Wasser abduschen.

Wendet man übrigens gegen die Weiße Fliege Gelbtafeln an, so sollte man die Pflanze öfters schütteln, um die Schädlinge aufzuscheuchen.

Arbeitskalender

Januar

Die Palmen und Zimmerpflanzen, die es im Winter kühl und hell möchten, werden gegossen und auf Schädlingsbefall durchgesehen.
Bei Frostfreiheit das Winterquartier lüften.

Februar

Nach wie vor müssen wir für hohe Luftfeuchtigkeit sorgen. Stehen die Pflanzen aber kühl, werden sie nicht besprüht. Ansonsten täglich besprühen. Nur behaarte Pflanzen nicht direkt besprühen. Die Blattunterseite auf Schädlingsbefall kontrollieren.

März

Sonnige und warme Tage kann man nutzen, um die großen Pflanzen im Freien abzubrausen. Jetzt ist auch die beste Zeit für das Umtopfen. Ältere Palmen und Zimmerbäume werden nun wieder gedüngt. Frisch umgetopfte Pflanzen bekommen in diesem Monat noch keine Düngergaben.
Pflanzen vor der starken Märzsonne schützen, wenn sie direkt am Fenster stehen.

April

Die Palmen und Zimmerbäume, die einen kühlen Überwinterungsplatz hatten, können nun wieder ins Zimmer geräumt werden, nachdem man sie abgebraust und eventuell umgetopft hat. Sie erhalten wieder mehr Wärme und auch reichlichere Wassergaben. Jetzt ist Zeit, an die Stecklingsvermehrung zu gehen.

Mai

Die ersten Pflanzen unternehmen für ein paar Stunden einen Ausflug ins Freie, ohne daß sie dabei der starken Sonne ausgesetzt werden. Jetzt ist Aussaatzeit! Regelmäßiges Gießen und Düngen fördert das Wachstum.
Die Myrte *(Myrtus)* und Duftpelargonie *(Pelargonium)* sowie die Zypresse *(Cupressus)* können nun zurückgeschnitten werden, sie treiben noch in diesem Sommer wieder neu aus.

Juni

Die ersten Sämlinge werden pikiert, die Stecklinge umgetopft. Reichliches Gießen und Düngen sind nun erforderlich.

Die Palmen und Zimmerbäume, die gern über Sommer draußen stehen, bleiben nun auch über Nacht auf ihrem festen Platz.

Juli

Gießen und düngen nicht vergessen, an Regentagen Regenwasser sammeln. Jeder Pflanze bekommt es, wenn sie im Freien abgeduscht wird.

August

Jetzt geben wir die letzte Düngergabe, damit die Palmen und Zimmerbäume mit ausgereiftem »Holz« in den Winter gehen. Immer noch reichlich gießen.

September

Die ersten Palmen und Zimmerbäume werden in die Wohnung geräumt. Dort bekommen sie vorerst noch einen Platz im Warmen. Sie werden reichlich gegossen und auch besprüht, nur das Düngen wird reduziert.

Oktober

Zimmerpflanzen werden nun nicht ganz so reichlich gegossen, weil es jetzt kühler wird. Die Heizperiode hat noch nicht begonnen. Die Palmen und Zimmerpflanzen, die kühl überwintert werden, bekommen ihren Winterstandort.

November

Für hohe Luftfeuchtigkeit in Pflanzennähe ist zu sorgen. Kühl überwinternde Pflanzen nur sparsam einmal gießen. Nicht düngen.

Dezember

Pflanzen wegen der geringen Lichtintensität mehr ans Fenster rücken. Beim Lüften Papier oder Karton vor die Pflanzen stellen, da die plötzlich einbrechende Kaltluft Gift für Zimmerpflanzen ist. Für hohe Luftfeuchtigkeit durch tägliches Besprühen sorgen.

Register